AF203979

Meiner Familie

Christoph-Maria Liegener

Die kleine Poetix-Anthologie

Siebte Auflage

7. Auflage
Autor: Christoph-Maria Liegener

Verlag und Druck: tredition GmbH, Halenreie 42, 22359 Hamburg
Druck in Deutschland und weiteren Ländern
Titelbild: Shutterstock

ISBN:

978-3-347-03444-0 (Paperback)
978-3-347-03445-7 (Hardcover)
978-3-347-03446-4 (e-Book)

Inhalt

Vorworte

Vorwort zur siebten Auflage (2020)

Nochmals wurde das Büchlein erweitert und überarbeitet. Die Vertonungen der meisten Songs finden sich auf YouTube.

Vorwort zur sechsten Auflage (2019)

Da nun mehrere Songtexte zusammengekommen sind, wurde eine neue Rubrik dafür eingerichtet.

Vorwort zur fünften Auflage (2019)

Es sind einige Aktualisierungen vorgenommen worden. In der Prosa-Abteilung sind alle Geschichten über Herrn A. entfernt worden, da sie nunmehr mit anderen im separaten Band „Die Erlebnisse des Herrn A." sind. Die verbleibenden Texte wurden etwas umgruppiert, ein neuer kam hinzu.

Auch bei der Lyrik wurden einige Texte hinzugefügt. Nicht ganz vermeiden ließ sich, dass im ganzen Buch einige kleinere Korrekturen vorgenommen werden mussten. Erwähnt sei noch, dass sich zwei fremdsprachige Texte in die Sammlung verirrt haben – ich bitte um Entschuldigung.

Insgesamt ist der Grundtenor der Anthologie jedoch beibehalten worden.

Vorwort zur dritten und vierten Auflage (2017)

Nochmals sind neue Texte hinzugekommen und einige der bisherigen überarbeitet worden.

Vorwort zur zweiten Auflage (2017)

In dieser zweiten Auflage sind einige neue Texte hinzugekommen. Jene, die aus der ersten Auflage übernommen wurden, sind durchgesehen und in Details noch einmal überarbeitet worden. An einer Stelle konnte ich nicht widerstehen, doch einen Kommentar zu einem Gedicht hinzuzufügen.

Insgesamt entstand eine aktualisierte kompakte Übersicht über das Werk, das unter dem Namen Poetix kursiert, eine Übersicht, die unter anderem auch bisher unveröffentlichte Texte enthält.

Vorwort zur ersten Auflage (2016)

Die Zeiten ändern sich. In der Moderne verspottete man alles Rückwärtsgewandte. In der Postmoderne wurde vieles, was vorher verspottet worden war, wiederentdeckt. Man integrierte verschiedene Sichtweisen, zitierte Altes, erkannte die Vielschichtigkeit der Sichtweisen auf die Welt. Inzwischen hat sich ein Pluralismus der Kunstformen allgemein durchgesetzt. Um mit Goethe zu sprechen: „Erlaubt ist, was gefällt." So dürfen auch in diesem Band klassische Gedichtformen ihren Platz finden, Formen, die nicht „neu" sind, jedoch mit neuen Inhalten gefüllt werden.

Weiterentwickeln darf sich die Kunst und jeder Einzelne – das ist gewünscht, aber bitte ohne Zwang. Auch Poetix hat sich weiterentwickelt und geändert, in Maßen und, ohne das Alte über Bord zu werfen. Poetix ist mein Pseudonym in verschiedenen Internet-Foren, Foren für Lyrik und Prosa. Schon drei Versuche habe ich gestartet, meine unter diesem Pseudonym veröffentlichten Werke in Buchform zu bringen. Dies ist also der vierte. Einige der enthaltenen Werke sind neu, andere sind alt. Von den alten Werken wurden einige originalbelassen, andere geändert. Diese Freiheit möge mir gewährt sein. In noch einer Hinsicht unterscheidet sich diese von den vorherigen Poetix-Anthologien: Auf Kommentare zu den einzelnen Werken wurde im Interesse der Übersichtlichkeit diesmal verzichtet. So entstand eine Kurzfassung, die trotzdem repräsentativ sein dürfte.

Christoph-Maria Liegener

Prosa

Das Einhorn und der Mond

Es war einmal ein Einhorn. Ganz allein lebte es im Wald. In manchen Nächten tauchte der Mond das Einhorn in silbriges Licht. Das Einhorn empfand tiefe Dankbarkeit dafür – mehr noch: Es liebte den Mond seit Langem, wenn auch nur aus der Ferne. Der Mond wusste nichts davon. Wie sollte er auch: Die Welt war so groß. Er schwebte darüber, ohne sich darum zu kümmern. Ein bisschen eitel wirkte er vielleicht schon, wie er so über der Erde thronte; aber er war ja auch wirklich schön anzusehen.

Allzu gern wollte das Einhorn dem Mond nahe sein. Doch wie sollte es dazu kommen? Es schien unmöglich zu sein. So verzehrte es sich vergeblich vor Sehnsucht. Wer in sein Herz hätte sehen können, hätte gewusst: Seine Liebe war rein. Was konnte es nur tun, um den Mond auf sich aufmerksam zu machen? Jede Nacht sang es dem Mond mit kristallklarer Stimme seine besten Lieder vor, aber – ach – der Mond hörte es nicht. Jahre vergingen, das Einhorn alterte nicht und auch seine Liebe verging nicht. Sollte es die Hoffnung aufgeben?

Schließlich, fast am Ende seiner Hoffnung, ging das Einhorn zur weisen Eule und klagte ihr sein Leid. Die Eule dachte lange nach, dann sagte sie: „Wenn ich auch nicht weiß, ob ich dir helfen kann, so will ich es doch zumindest versuchen. Vielleicht kannst du die Aufmerksamkeit des Mondes erringen, aber es wird dich dein Leben kosten. Bist du dazu bereit?" Das Einhorn erwiderte: „Für ein einziges Wort vom Mond würde ich gern sterben." – „Nun gut", meinte die Eule und gab dem Einhorn drei Dinge: einen Hering, einen Apfel und einen Käfer. „Geh morgen früh zum Meeresstrand und rufe den Sägefisch, gib ihm den Hering und bitte ihn, dir dein Horn abzusägen. Dann geh zum Biber, gib ihm den Apfel und bitte ihn, das Horn zu zerraspeln und die Späne mit Schlamm zu vermischen. Den Brei soll er auf den Stumpf streichen und du musst dabei die Worte sprechen: 'memet sacrum faciam'. Zu dieser Zeit dürfte es schon Nachmittag sein. Ruhe dann bis zum Einbruch der Nacht. Inzwischen wird aus dem Stumpf eine wunderschöne Blume gewachsen sein. Allerdings wird dich das deine ganze Lebenskraft kosten. Du musst sterben. Jedoch wirst du noch ein wenig Zeit haben. Ruf die Fledermaus, gib ihr den Käfer und bitte sie, dir die Blume abzubeißen. Wenn der Mond aufgeht, geh auf einen Hügel und lege die Blume dort für den Mond nieder. Wenn du Glück hast, wird der Mond sie sehen und mit dir sprechen."

Das Einhorn willigte ein und ging am nächsten Morgen zum Meeresstrand. Es rief den Sägefisch, gab ihm den Hering und bat ihn, das Horn abzusägen. Der Sägefisch hatte Mitleid mit dem Einhorn und gab zu bedenken: „Wenn du das zu Ende führst, wirst du sterben. Überlege es dir noch einmal. Bleib doch hier am Strand und ich werde dir jeden Abend Geschichten erzählen von den Schiffen und den Küsten, an die ich komme." Aber das Einhorn sehnte sich nach dem Mond und lehnte dankend ab. Also sägte der Sägefisch ihm das Horn ab.

Nun ging das Einhorn zum Biber, gab ihm den Apfel und bat ihn, das Horn zu zerraspeln. Auch der Biber hatte Mitleid, aber auch er konnte das Einhorn nicht umstimmen. Also zerraspelte er das Horn und vermischte die Späne mit Schlamm. Es bestrich den Stumpf damit, das Einhorn sprach „memet sacrum faciam" und wartete ab. Bei Einbruch der Nacht war aus dem Stumpf eine wunderschöne Blume gewachsen und das Einhorn war sehr schwach geworden. Es war die schönste Blume der Welt. Sie leuchtete von innen. Das Einhorn rief die Fledermaus, gab ihr den Käfer und bat sie, die Blume abzubeißen. Die Fledermaus musste weinen, als sie das sterbende Einhorn sah, aber sie tat, worum sie gebeten worden war. Inzwischen war der Mond aufgegangen. Das Einhorn nahm die Blume und schleppte sich mit letzter Kraft auf einen nahe gelegenen Hügel, auf dem Schafe weideten. Dort legte es die Blume aufs Gras und sich selbst zum Sterben daneben. Seine brechenden Augen spiegelten den Mond. Aber der Mond bemerkte das Einhorn noch immer nicht. Er wusste nicht einmal, dass es existierte. Er bemerkte auch die Blume nicht.

Die Blume blieb liegen und wurde von den Schafen zertrampelt.

Das Einhorn aber lag tot daneben und zerfiel zu Feenstaub. Dieser stieg hoch empor in den Himmel, bis zum Mond. So kamen sie doch noch zusammen, das Einhorn und der Mond.

In manchen kalten Nächten können wir die beiden auch heute noch zusammen sehen. Dann beobachten wir, wie eine silbrig glänzende Staubwolke den Mond umhüllt, ihn liebkost und streichelt und mit ihm über die Erde schwebt.

Das Gespenst vom Montmartre

Ein sonniger, warmer Septembervormittag kroch aus dem Nebel. Jean-Marie packte seine Malutensilien auf dem Place du Tertre aus. Die letzte Nacht war für ihn zu kurz gewesen und seine Müdigkeit wollte nicht weichen. Sogar sein morgendliches Gebet in der Kirche Sacré-Coeur hatte er ausgelassen. Missmutig hockte er sich vor seine Staffelei. Er brauchte nicht lange auf Kundschaft zu warten. Ein unscheinbarer Mann trat heran und bat um ein Portrait. Eigentlich wäre es das Normalste von der Welt gewesen – bei jedem anderen Kunden. Aber bei diesem Mann wurde Jean-Marie von Unbehagen gepackt. Er hätte nicht genau sagen können, was nicht stimmte. Es gab nichts Auffälliges an dem Mann. Vielleicht irritierte ihn gerade das. Er fand nichts, was er im Portrait hätte herausarbeiten können. Das Gesicht des Mannes erwies sich auf eine merkwürdige Weise als nichtssagend, entzog sich jeglicher Charakterisierung. Sein Blick war leer.

Ein leichter Schauer lief dem Maler über den Rücken. Er hätte das Portrait lieber nicht malen wollen, durfte es aber auch nicht abschlagen. Es gab ein ungeschriebenes Gesetz auf dem Place du Tertre, dass jeder, der ein Portrait bestellte, es auch bekommen musste. Das gehörte zum Geschäft. Also musste er in den sauren Apfel beißen und begann seine Arbeit. Wenn sein Gegenüber nichts Charakteristisches an sich hatte, musste er eben mehr von sich selbst in das Werk legen. Das tat er. Es kostete ihn Überwindung, aber er tat es.

Die Zeit zog sich. Er durchlitt ein Martyrium, während das Bild nach und nach unter seinen Händen entstand. Seine eigene Persönlichkeit floss in das Portrait ein anstelle der nicht vorhandenen des Portraitierten. Mit seiner Persönlichkeit ging auch seine Energie auf das Werk über. Es saugte ihn aus. Schwäche breitete sich in ihm aus. Er zitterte. Schaudernd bemerkte er, dass das Portrait immer mehr ihm selbst ähnelte. Alles in ihm sträubte sich, aber er konnte nicht aufhören zu malen ...

Schließlich beendete er das Bild. Der Anflug eines traurigen Lächelns stahl sich in das bisher ausdruckslose Gesicht seines Kunden. Er bezahlte nicht, nahm auch das Bild nicht mit, schlich einfach nur davon, ohne etwas zu sagen. Jean-Marie hatte nicht die Kraft zu protestieren, fühlte sich ausgelaugt. Er sackte zusammen wie ein nasser Sack. Wie sollte er so arbeiten? Matt schlich er nach Hause und legte sich ins Bett.

Dort blieb er die nächsten Tage. Ein leichtes Fieber hatte ihn befallen und erlaubte ihm nur, die nötigsten Verrichtungen zu erledigen. Und es kam noch schlimmer: Zwar legt sich das Fieber nach und nach, doch die Mattigkeit blieb. Nicht einmal zur Malerei raffte er sich auf. Sein Zimmer auf dem Montmartre gab er auf, lebte auf der Straße, vegetierte nur noch vor sich hin. Tag und Nacht verschwammen in einem Nebel. Tags fiel er in einen Dämmerzustand, nachts fand er keinen Schlaf. Nichts ergab einen Sinn, nichts berührte ihn. Sogar der Hunger erlosch und Jean-Marie hörte auf zu essen. Hatte er früher gern ein Gläschen Rotwein genossen, trank er jetzt überhaupt nichts mehr, nicht einmal Wasser. Dass er auf diese Weise überlebte, hätte ihn wundern müssen, aber er nahm es einfach als gegeben hin.

Er lebte wie ein Clochard und auch wieder nicht. Er trieb sich unter den Seine-Brücken herum wie sie, aber er durchwühlte nicht wie sie den Müll nach etwas Brauchbarem. Er brauchte nichts. Wenn er überhaupt einen Wunsch gehabt hätte, dann den: einzuschlafen und nicht wieder aufzuwachen. Doch nicht einmal das wurde ihm gewährt. Es blieb bei seinem Schattendasein. Er geisterte in der Stadt herum – ohne mit jemandem zu sprechen und ohne irgendjemandem in die Augen zu sehen. Die Leute, wenn sie überhaupt Notiz von ihm nahmen, sprachen von ihm als „dem Gespenst".

So verging die Zeit, bis ihn seine ziellosen Streifzüge eines Vormittags auf den Place du Tertre führten. Zum ersten Mal seit Jahren lenkte etwas seine Aufmerksamkeit auf sich: Ein junger, unausgeschlafen wirkender Portraitmaler packte seine Malutensilien aus. Es zog ihn zu ihm hin. Mit einer Stimme, die, weil ewig nicht mehr benutzt, brüchig und heiser klang, bat er darum, portraitiert zu werden. Er sah, wie sich die Kiefermuskulatur des Malers anspannte, als er die Zähne zusammenbiss. Der Auftrag passte dem anderen nicht, ganz offensichtlich, aber er durfte ihn nicht ablehnen. Während der Künstler arbeitete, fühlte Jean-Marie nach langer Zeit wieder ein klein wenig Kraft durch seinen Körper strömen. Ein Seufzer entrang sich seiner Brust. Nicht dass er sich in sein früheres Leben zurückversetzt gefühlt hätte, bei weitem nicht, aber immerhin spürte er eine Änderung. Und alles, was anders war, war gut. Ein Silberstreif am Horizont. Als der Maler den letzten Pinselstrich getan hatte, drehte Jean-Marie sich um und schlich wortlos davon. Langsam, wie in Trance, bewegte er sich. Niemand hielt ihn auf, niemand verfolgte ihn. Er suchte die nächste Parkbank auf und streckte sich darauf aus. Sofort schlief er ein … und wachte nie mehr auf.

Ein besonderer Königssohn

Ein Märchen

Da Erik ein Königssohn war, wurde Besonderes von ihm erwartet. Das war ein Problem; denn, so sehr er sich auch bemühte, er konnte stets nur Mittelmäßiges leisten. Seine Umgebung ließ ihn spüren, dass man von ihm enttäuscht war. Darunter litt er sehr.

Eines Tages verliebte er sich in ein wunderschönes Mädchen vom Lande. Sie schien seine Liebe zu erwidern. Er wollte sie heiraten, aber seine Eltern sprachen sich dagegen aus. Ihnen schien die Verbindung nicht standesgemäß zu sein. Sie verboten ihm den Umgang mit dem Mädchen, drohten, ihn andernfalls zu enterben und zu verstoßen.

Es gibt nichts, was die Liebe nicht überwindet. Omnia vincit amor. Der Königssohn verzichtete auf sein Erbe und heiratete das Mädchen gegen den Willen seiner Eltern. Bald bekamen die beiden einen Sohn.

Das Baby war so niedlich, dass es die Herzen des Königs und der Königin erweichte. Sie gingen in sich und beschlossen, den verstoßenen Sohn wiederaufzunehmen. So wurde schließlich Versöhnung gefeiert und die Großeltern freuten sich über den Enkel.

Alles hätte gut enden können, wenn es nicht ein dunkles Geheimnis in der Familie des Königs gegeben hätte. Der König, Eriks Vater, hatte seinerzeit das Königreich nur gewinnen können, indem er sich mit finsteren Mächten verbündete. Seine Seele hatte er einem Dämon verschrieben und nach seinem Tod würde sein Sohn sowie später dessen männliche Nachkommen vor die Wahl gestellt, das Königreich wieder aufzugeben oder jeweils auch ihre Seele dem Bösen abzutreten. Wer beides ablehnte, würde den Fluch des Dämons auf sich ziehen. Dieser Fluch würde sich darin äußern, dass der Betreffende zum Werwolf würde.

Als die Zeit gekommen war, dass der alte König starb, wusste Erik, dass er nun vor dieser Wahl stand. Für ihn gab es keinen Zweifel: Seine Seele würde er nicht verkaufen. Ihm bedeutete irdischer Wohlstand nicht viel, er wollte nur glücklich mit seiner Familie zusammenzuleben. Am liebsten hätte er auf das Königreich verzichtet.

Er besprach die Sache mit seiner Frau. Diese wollte jedoch das Leben am Hof nicht aufgeben und machte ihrem Mann bittere Vorwürfe. So entschloss sich Erik, seiner Frau zuliebe den Fluch des Dämons auf sich zu nehmen, und, als der böse Geist auftauchte, teilte er ihm seine Entscheidung mit.

Sein Schicksal erfüllte sich: Erik wurde zum Werwolf. Da die Menschen, die ihm nahestanden, von seiner wilden Seite am meisten bedroht waren, zog er sich von der Welt zurück und lebte als Einsiedler im Wald. Die Regierungsgeschäfte führte ab jetzt seine Frau. Seiner Familie ging es gut – auch ohne ihn. Sie vermissten ihn zuerst, doch mit der Zeit gewöhnten sie sich an die Situation.

So hatte Erik seine Familie zwar nicht um sich, aber er brauchte sich andererseits nicht um sie zu sorgen. Er versuchte, seinen Frieden mit der Welt zu machen. Allerdings fiel es ihm schwer. Besonders in den Nächten litt er. Bei Vollmond streifte er als einsamer Wolf durchs Königreich und heulte den Mond an. Insgesamt führte er ein schreckliches Leben, aber eins ließ sich nicht leugnen: Er war jetzt etwas Besonderes.

Ein Problem blieb jedoch bestehen: Wenn Erik stürbe, würde sein Sohn vor derselben schicksalsschweren Entscheidung stehen wie er, als sein Vater starb. Wie konnte er das verhindern? Er beschloss, dem Dämon eine Falle zu stellen. Er beschwor ihn herauf, indem er vorgab, ihm seine Seele zu verschreiben. Als der Dämon auftauchte, nahm er seine Wolfsgestalt an, ging ihm an die Gurgel und verbiss sich darin. Der Dämon hatte zwar übernatürliche Kräfte, aber der Werwolf auch. So lag eine Pattsituation vor.

Schließlich sagte der Dämon zu, Erik und seine Familie aus ihrer Verpflichtung zu entlassen, wenn er ihn losließe. So geschah es. Erik wurde wieder ein normaler Mensch und kehrte zu seiner Familie zurück, mit der er glücklich bis zu seinem Lebensende zusammenblieb.

Warum die Kinder Ostereier suchen müssen

Liebe Kinder, bald ist Ostern. Zu Ostern müsst ihr wieder fleißig Ostereier suchen. Die hat der Osterhase versteckt. Aber wisst ihr auch, warum?

Der Osterhase war ursprünglich ein ganz normaler Hase. Er hatte mit seiner Frau kleine Hasenkinder bekommen. Da kamen die Menschen und töteten seine Frau und seine Kinder, um sie zu essen. Es war kurz vor Ostern und der Hase wollte sich zu Ostern an den Menschen rächen. Er war hasserfüllt und bezeichnete sich jetzt als den „Osterhasen". Sein Ziel war es, die Menschen zu vernichten.

Er entwickelte einen bösen Plan. Dazu begattete er überall, wo er hinkam, die Hühner der Menschen und belegte sie mit einem Fluch. Sie sollten zu Ostern verzauberte Eier legten: die Ostereier. Diese Eier sollten die Menschen durch bunte Farben erschrecken und die Eigenschaft haben, böse Gedanken in ihnen auszulösen. Das sollte dazu führen, dass die Menschen sich gegenseitig bekämpften, bis sie alle tot sein würden.

Es gab jedoch eine gute Fee, die den Plan des Osterhasen durchschaute und die Menschen warnte. Sie sagte ihnen, dass die Eier unschädlich gemacht werden könnten, wenn sie von unschuldigen Kindern gegessen würden. Das wiederum bekam der Osterhase mit und versteckte die Ostereier, damit die Kinder sie nicht essen könnten. Die Kinder aber suchten die Eier, fanden sie und aßen sie. So ging die Sache für dieses eine Mal gut aus. Aber was, wenn der Osterhase es wieder versuchen würde? Die gute Fee verhängte einen Bann, dass der Osterhase ein Jahr lang keine Ostereier mehr produzieren durfte. Mehr konnte sie nicht tun.

Jedes Jahr zu Ostern aber versucht es der Osterhase aufs Neue und die Kinder müssen wieder die Ostereier suchen. Manchmal übersehen sie eins. Dann erzeugt es böse Gedanken in den Menschen und so gibt es von Zeit zu Zeit immer wieder Böses auf der Welt.

Also, liebe Kinder, sucht die Ostereier und rettet die Welt!

Der rot-weiß gekleidete Weihnachtsmann

Seit Menschengedenken wohnte der Weihnachtsmann in Lappland. Auch heute noch ist er dort zuhause. Er lebt einsam in der Wildnis, spricht mit niemandem außer ab und zu mit den Wichteln. Im Winter ist er regelmäßig eingeschneit. Dass er schon sehr alt ist, sieht man ihm an mit seinem prächtigen weißen Bart. Trotzdem altert er schon seit langem nicht mehr. Sonst wäre er längst tot. Krank wird er auch nicht und ist jedes Jahr einsatzbereit.

Obwohl er so lange dort oben haust, gab es noch nie jemanden, der von sich behauptet hätte, er hätte den Weihnachtsmann mit eigenen Augen gesehen.

Der Weihnachtsmann beschert den Menschen jedes Jahr ein schönes Weihnachtsfest. An Heiligabend verteilt er Weihnachtsgeschenke. Mit einem riesigen alten Beil fällt er im Wald Tannen, die er von den Wichteln bei den Menschen als Weihnachtsbäume aufstellen lässt.

Seine Verpflichtung als Weihnachtsmann reicht weit zurück: in die Zeit, da der heilige Nikolaus als Bischof von Myra Wunder vollbrachte. Der spätere Weihnachtsmann hieß ursprünglich Poneroandros und war ein Serienmörder, der erste der Menschheitsgeschichte; er machte die Region Lykien um die Stadt Myra unsicher. Als der heilige Nikolaus jenem bösen Mann eines Tages zufällig auf der Straße begegnete, durchschaute er ihn sofort. Er legte ihm die Hand auf und Poneroandros wurde von Reue erfasst. Der heilige Nikolaus gab ihm zur Buße auf, der Menschheit Gutes zu tun – bis zum jüngsten Tag. Nur so könne er auf Vergebung hoffen.

Damit der reuige Sünder nicht wieder in Versuchung geführt werden möge, wurde er in den hohen Norden verbannt. Zur Hilfe für seine guten Werke, die er verrichten sollte, wurden ihm die Wichtel zur Seite gestellt und mit himmlischen Kräften ein Rentierschlitten gefertigt, mit dem er durch die Luft fahren konnte.

Lange Zeit war Poneroandros die Aufgabe übertragen worden, bei den Festlichkeiten zur Wintersonnwende kleine Geschenke auf der ganzen Welt zu verteilen. Als in späteren Jahrhunderten zu dieser Jahreszeit das Weihnachtsfest gefeiert wurde, wurde er zum Weihnachtsmann.

Trotz seiner Bekehrung ist der Weihnachtsmann mit seiner Beschäftigung unzufrieden. Seine böse Seite begehrt von Zeit zu Zeit auf. Da er das Höllenfeuer fürchtet, fügt er sich in sein Schicksal, aber insgeheim kocht er vor Wut und hasst die Menschen.

Seine Kleidung fertigte der Weihnachtsmann ursprünglich aus Rentierfellen an. Das änderte sich eines Tages und das trug sich so zu.

Die Menschen hatten sein unsichtbares Wirken bemerkt. Sie dachten aufgrund seiner Wohltaten, dass er es gut mit ihnen meinen müsse. Das war jedoch reines Wunschdenken und sollte sich als Irrtum herausstellen.

Man erzählte sich, dass es dort oben beim Weihnachtsmann eine geheime Werkstatt gebe, in der fleißige Wichtel Weihnachtsgeschenke für die Menschen bastelten.

So kam es, dass einige neugierige Menschen sich auf den Weg machten, diese Werkstatt zu suchen.

Sie fanden tatsächlich den Weihnachtsmann, nicht aber die Werkstatt. Stattdessen überfiel der Weihnachtsmann die arglosen Menschen und hackte sie mit seinem Beil in Stücke. Der Grund war ebenso sinnlos wie grausam. Es machte ihm einfach Spaß, das Blut umherspritzen zu sehen.

Rotes Blut auf weißem Schnee – diese Zusammenstellung begeisterte den Weihnachtsmann. Es war das Größte für ihn. Er konnte gar nicht genug davon bekommen und beschloss, sich künftig rot-weiß zu kleiden. Von den Wichteln ließ er sich einen roten Mantel mit weißem Fellbesatz herstellen. Auch die Wichtel selbst mussten sich so kleiden.

Um die toten Menschen zu entsorgen, steckte er die Leichenteile in einen Häcksler. Das entstehende Hackfleisch benutzte er, um Pasteten zu backen, die er zu Weihnachten an Menschen in aller Welt schickte (mit Grüßen vom Weihnachtsmann). Die nichtsahnenden Menschen freuten sich sehr darüber.

Durch einen Zufall müssen wohl einige rot-weiß gekleidete Wichtel von den Menschen gesehen worden sein. Die wunderten sich zunächst über die rot-weiße Kleidung, fanden sie aber dann ganz passend für Weihnachten. Da die Menschen für alles einen Grund brauchen, verbreitete sich das Gerücht, ein großer Getränkehersteller stecke hinter dieser Kleiderordnung. Der Getränkehersteller, der nichts von den wahren Gründen wusste, sah keine Notwendigkeit zu dementieren.

Weiterhin ziehen von Zeit zu Zeit Menschen los, um den Weihnachtsmann zu suchen. Nie sind welche zurückgekehrt, die ihn gefunden hätten. Und immer wieder gibt es Pasteten zu Weihnachten.

Der verzauberte Königssohn

Ein Märchen

Zu einer Zeit, da noch Zauberer und Elfen die Welt bevölkerten, lebten ein König und seine Königin in ihrem Schloss. Das Schloss erhob sich auf einer Ebene zwischen den Bergen und dem Meer. Seeadler und Steinadler hatten dort lange um die Vorherrschaft gestritten, bevor die Menschen kamen. Seit aber die weisen Könige der Menschen dort regierten, lebten sowohl die Menschen als auch die Tiere friedlich miteinander zusammen.

Der König und die Königin liebten sich sehr und bekamen eines Tages Zwillinge: einen Jungen und ein Mädchen. Doch leider wollte es das Schicksal, dass die Mutter bei der Geburt starb. Die Kinder wurden von einer guten Amme gesäugt und später zu braven Kindern erzogen.

Im Königreich gab es aber auch eine hartherzige und böse Zauberin, die gern die nächste Königin werden wollte. Sie schlich sich bei Hofe ein und brachte es fertig, dass der König einen ihrer Zaubertränke trank, der dazu gebraut war, dass der, der ihn trank, sich in die Zauberin verliebte. Der König verfiel also der Zauberin und heiratete sie.

Jetzt war sie Königin. Die böse neue Königin hasste ihre Stiefkinder und behandelte sie schlecht. Als der König das bemerkte und sie zur Rede stellte, tötete sie ihn. Sie vertuschte seinen Tod als Unfall und fasste den Plan, auch die Kinder zu töten. Doch die Amme der beiden durchschaute die böse Frau rechtzeitig und beschloss, die Kinder zu retten.

Sie rief die Seeadler und Steinadler herbei und beschwor zusammen mit ihnen einen Zauber herauf, der den Jungen in einen Riesenadler verwandelte. Auf diese Weise konnten die Geschwister entkommen: Der Riesenadler trug seine Schwester durch die Lüfte davon und die beiden versteckten sich in einem fernen tiefen Wald. Dort fanden sie eine kleine verlassene Hütte. In der konnte die Schwester leben, während der Bruder als Adler über dem Wald Wacht hielt. So wuchsen sie heran. Die Schwester entwickelte sich zu einer schönen jungen Frau und der Bruder zu einem stattlichen Riesenadler, wie man selten einen gesehen hatte.

Eines Tages erfuhr der Prinz eines benachbarten Königreiches von dem ungewöhnlichen Adler, der von Wanderern gesichtet worden war, und beschloss, ihn zu jagen. Als er den Wald durchstreifte, über dem der Adler kreiste, gelangte er zu der Hütte, in der die Schwester wohnte. Er klopfte an und die junge Frau öffnete. Der Prinz verliebte sich auf der Stelle in sie. Er bat sie, seine Frau zu werden, und sie willigte ein. So nahm er sie mit sich in sein Königreich und bald wurde Hochzeit gefeiert. Der Adler aber zog auch in die Gegend des Schlosses und bewachte es vor Feinden. Täglich stieg die junge Königin auf den Schlossturm, um dort den Adler, ihren Bruder, zu treffen. Bei all ihrem frischen Glück war sie traurig, es nicht richtig mit ihrem Bruder teilen zu können.

Die Kunde von der schönen jungen Königin verbreitete sich rasch über die Lande und gelangte auch zu der bösen Zauberin, die die Kinder verfolgt hatte. Sie wusste sofort, um wen es sich handelte und schmiedete einen Plan, die junge Königin zu töten. Sie reiste in das Königreich des Paares, schlich sich in den Schlossgarten und verwandelte sich in eine giftige Natter. Als die junge Königin, die inzwischen schwanger war, sich am Nachmittag im Garten aufhielt, kroch die Natter auf sie zu, um sie mit einem Biss zu töten. Gerade wollte sie zubeißen, da hatte das wachsame Auge des Adlers sie schon entdeckt. Der riesige Vogel stieß auf sie herab und tötete sie mit einem Schnabelhieb.

Jetzt, da sie tot war, kehrte die Natter in ihre ursprüngliche Gestalt zurück und die Geschwister erkannten ihre alte Peinigerin. Sie konnten nun wieder in ihr altes Königreich zurückkehren, wo sie jubelnd empfangen wurden. Sie beschlossen, dass der Sohn, den die Königin unter ihrem Herzen trug, später dieses Reich regieren sollte. Auch die alte Amme lebte noch und freute sich sehr, ihre Schützlinge noch am Leben zu sehen. Gern hätte sie dem Bruder nun wieder seine menschliche Gestalt zurückgegeben, aber dafür reichten ihre Zauberkräfte nicht aus. Sie riet ihm jedoch, ins Reich der Elfen zu fliegen, da diese über weiterreichende Zauberkünste verfügten.

Der Adler verabschiedete sich von seiner Schwester und seinem Schwager und flog in jenes ferne Reich hinter den Bergen, in dem die Elfen wohnten. Dort wurde er freundlich aufgenommen und der Elfenkönig eröffnete ihm, dass auch er ihn nicht wieder zu einem Menschen machen könne, wohl aber stünde es in seiner Macht, ihn zu einem Elfen zu machen und ihn in sein Reich aufzunehmen. Ein Elf zu sein, das konnte der verzauberte Adler sich gut vorstellen und so stimmte er zu. Als Elf lebte er fortan am Hof des Elfenkönigs. Es dauerte nicht lange, da verliebten sich der neue Elf und die Tochter des Elfenkönigs ineinander und heirateten. Als Elf war der Königssohn unsterblich und lebte viele hundert Jahre im Elfenreich. Er besuchte seine Schwester so lange sie lebte, später seine Neffen und Nichten, dann deren Nachkommen. So bestand eine feste Beziehung zwischen Menschen und Elfen, bis dieses Zeitalter zu Ende ging und die Elfen unsere Welt verließen.

Ein Sommernachtsreigen

Hommage an William Shakespeare

Titania und Oberon hatten sich gestritten – wieder einmal – und wieder einmal hatten sie sich anschließend versöhnt. Heute Nacht wollten sie zusammenkommen, um ihre Versöhnung zu feiern. Die Feenkönigin würde sich mit allem schmücken, was der Wald ihr bot, und ihren Liebsten zum Stelldichein erwarten.

Alle Tiere und Pflanzen des Waldes befanden sich in heller Aufregung und freudiger Erregung. Sie wollten ihrer Königin helfen, schöner auszusehen denn je. Die Glühwürmchen umschwirrten sie wie ein Strahlenkranz und die Feen flochten ein Nachtgewand aus Schilfblättern. Der Höhepunkt würde der Blütenkranz werden. So weit war es aber noch nicht.

Alle genossen die mondhelle, samtene Sommernacht. Es war die Nacht der Sommersonnwende. In dieser einen Nacht konnten die Blumen ihre Plätze verlassen und umherschweben, sich miteinander treffen, gemeinsam tanzen und spielen. Das taten sie auch. Wie sie alberten und über die Wiesen tollten! Alle vergnügten sich, nur das kleine Gänseblümchen nicht. Abseits stand es und wurde nicht beachtet. Die großen und schönen Blumen bewunderten und hofierten sich gegenseitig. Sie bildeten Grüppchen, plauderten und lachten.

Das Gänseblümchen gehörte zu keiner dieser Cliquen. Niemand hatte es eingeladen. Wenn es doch einmal den Versuch unternahm, sich einem der Grüppchen zu nähern, wandten sich die anderen Blumen ab und das Gespräch verstummte. Auf diese und andere Weisen machten die großen Blumen dem Gänseblümchen klar, dass es bei ihnen nicht erwünscht war. Das Gänseblümchen verstand das sehr wohl und zog sich zurück. Aufdrängen wollte es sich nun wirklich nicht. So toll fand es die anderen Blumen auch wieder nicht. Der Wald war auch ohne diese aufgeblasenen Dinger schön genug. Das Gänseblümchen konnte den Wald, wenn es sein sollte, sehr wohl für sich allein genießen. Versonnen schwebte es zwischen den Bäumen hindurch, ließ sich mal auf einer Lichtung im Mondschein nieder, mal an einem Wegesrand, mal zwischen den Wurzen eines riesigen Baumes.

Nun aber nahte die Ankunft Oberons. Die Blumen hatten die Aufgabe, den Blütenkranz zu formen, den Titania im Haar tragen sollte. Also versammelten sich die Blumen und tanzten einen Reigen. Dabei verschlangen sie sich immer mehr ineinander, bis ein Kranz entstanden war. Stolz präsentierten sie sich Titania.

Aber Titania konnte ihre Enttäuschung nicht verbergen:

„Wo ist denn mein liebes Gänseblümchen? Ihr wisst doch, dass der Kranz seine Wirkung nur entfalten kann, wenn er vollständig ist: Alle müssen dabei sein."

Da schwärmten die anderen Blumen aus, um das Gänseblümchen zu suchen. Keine von ihnen konnte sich erinnern, wo sie es zuletzt gesehen hatten. Es half nichts: Sie mussten überall suchen. Schließlich fanden sie es eingeschlafen hinter einem Hagebuttenstrauch. Sie weckten es und wollten es einladen, mit ihnen den Reigen für einen neuen Blütenkranz zu tanzen. Schlaftrunken wehrte das Gänseblümchen ab:

„Ihr könnt das doch auch ohne mich machen. Ich bin müde."

Das ging ja nun gerade nicht und die anderen Blumen umschmeichelten das Gänseblümchen und baten es, mit ihnen zu kommen. Sie machten Witze und kitzelten das kleine Blümchen, um es wach zu bekommen. Das Gänseblümchen – es war von Natur aus gutmütig –

konnte sich letztlich der Gemeinschaftsaufgabe nicht entziehen und willigte ein.

So tanzten sie vor Titania ihren schönsten Reigen, wiegten ihre Blütenköpfchen im Takt, schwangen ihre Stiele und Blätter liebkosend umeinander, sangen dabei gemeinsam und verwoben sich zu einem wundervollen Blütenkranz. Titania lächelte, dankte den Blumen herzlich und setzte sich den Kranz auf den Kopf. Das Gänseblümchen bekam dabei einen Ehrenplatz und prangte genau über der Mitte von Titanias Stirn.

Da quakten bereits die Frösche, um Oberons Kommen anzukündigen. Titania drapierte sich auf ein Moospolster – gerade noch rechtzeitig; denn schon betrat Oberon die Lichtung. Er war von dem traumhaften Anblick, der sich ihm bot, tief beeindruckt und überschüttete Titania mit den charmantesten Komplimenten. Beide fielen sich in die Arme und küssten sich zärtlich. Die Grillen begannen, eine romantische Melodie zu zirpen und die kleinen Feen breiteten tautropfenbenetzte Spinnweben als Schleier über dem Paar aus, um den Liebenden ungestörte Zweisamkeit zu gewähren.

Das Gänseblümchen aber bekam alles mit, ob es wollte oder nicht.

Weiße Weihnachten

Die junge Mutter stapfte durch den Schnee. Sie war eine herzensgute Frau und hatte noch niemals jemandem etwas Böses getan. Die Umstände hatten dazu geführt, dass sie sehr arm war, so arm, dass sie keine Wohnung hatte. Sie irrte mit ihrem Baby, einem Mädchen, durch die Straßen der Stadt. Den Vater des Mädchens hatte eine Krankheit dahingerafft. Mutter und Tochter waren ganz allein auf der Welt.

Der schönste Abend des Jahres hatte begonnen: Heiligabend. Der Winter hatte sich mit Macht zurückgemeldet. Die Temperaturen lagen weit unter dem Gefrierpunkt – viele Tiere waren schon erfroren. Die Menschen in den warmen Wohnungen freuten sich über den Schnee. Sie sagten: „Wie schön: Wir haben weiße Weihnachten!" Aber die arme Mutter freute sich nicht über den Schnee. Sie hatte nicht genug warme Kleidung und fror entsetzlich. Aber das Baby hatte sie warm eingewickelt, mit allem, was sie hatte. Aus den dicken Decken lachte ihre Tochter sie fröhlich an. Sie war das Einzige, was ihr auf der Welt geblieben war. Sie liebte sie über alle Maßen.

Obwohl das Baby warm eingepackt war, war es krank geworden. Die Mutter machte sich große Sorgen. Für einen Arzt hatte sie kein Geld, auch Medikamente und genug zum Essen konnte sie dem Kind nicht bieten. Wenn sie erfror, wer sollte für das Kind sorgen? Was für ein Leben sollte es haben, wenn es aufwuchs? Die Mutter sah keinen Ausweg, als das Kind in die Obhut einer reichen Familie zu geben. Sie ging zu einer vornehmen Villa. In besseren Tagen hatte sie gehört, dass die Leute, die dort wohnten, sich vergeblich ein Kind gewünscht hatten. So legte sie das Baby vor die Tür der Villa, klingelte und versteckte sich hinter einem Busch. Die Tür wurde geöffnet und eine gut gekleidete Dame trat heraus. Als sie das Baby sah, drückten ihre Gesten großes Mitgefühl aus, gepaart mit Freude über das unverhoffte Weihnachtsgeschenk, ja sogar Liebe für das arme Würmchen. Die Dame nahm das Baby mit ins warme Haus und die Mutter wusste, ihr Baby würde wie eine Tochter aufgenommen werden. Die Mutter hinter dem Busch weinte. Sie war sehr traurig, aber auch beruhigt: Jetzt würde es ihrem Kind gut gehen, es würde überleben.

Gegenüber der Villa befand sich der Stadtpark. Dort gab es ein kleines Tannenwäldchen. Die Mutter machte sich auf den Weg dorthin und stellte sich vor, die Tannen wären Weihnachtsbäume. Der Gedanke, dass sie Weihnachten ohne ihr Baby verbringen sollte, brach ihr das Herz. Sie wusste nicht, ob sie in ihrer dünnen Kleidung die eisige Nacht überleben würde, und hatte aufgegeben, gegen die Kälte anzukämpfen. Ohne ihre Tochter hatte sie der Lebenswille verlassen.

Als sie auf die Tannen zuging, sah sie durch ihren Tränenschleier eine Krippe unter den Bäumen und daneben Maria und Josef. Sie wusste nicht, ob sie träumte oder wachte, aber, als sie näher kam, winkte Maria sie zu sich heran. Sie trat hinzu und kniete vor dem Christkind nieder. Die arme Frau war schon sehr lange nicht mehr freundlich berührt worden, außer von ihrem Baby. Jetzt aber lächelte Maria sie an und strich ihr liebevoll übers Haar. Da wurde sie ganz ruhig, eine wundersame Wärme durchströmte sie. Sie spürte die Kälte nicht mehr und fühlte sich wohl. Maria lud sie ein, sich neben die Krippe zu legen. Das tat sie und plötzlich erschienen überall zwischen den Bäumen Engel und sangen. Was sie sangen, ähnelte Weihnachtsliedern, klang aber viel schöner als irgendeine menschliche Musik. Die Frau schloss glücklich die Augen und schlief friedlich ein.
Am nächsten Tag fand die Polizei die Frau tot unter den Bäumen. Die Untersuchung ergab, dass sie erfroren war, mit einem Lächeln auf den Lippen. Die arme Frau wurde auf Kosten der Gemeinde bestattet.

Ihre Seele aber kam in den Himmel. Sie erhielt die Lichtgestalt eines Schutzengels. So kehrte sie auf die Erde zurück, wo sie über ihre Tochter wachte, solange diese lebte. Auf diese Weise kamen Mutter und Tochter doch wieder zusammen und waren miteinander viel vertrauter, als zwei Menschen es je hätten sein können.

Ein Wiedersehen

Die Narkose hatte noch nicht eingesetzt. Frau Schmidt nahm alles um sich herum wahr. Man hatte sie gerade erst in den OP gebracht. Merkwürdig, dass sie so ruhig blieb, bedeutete doch dieser Raum etwas für sie. Hier war vor fünf Jahren ihr Mann gestorben. „Mors in tabula" nannte man das, als ob einem der Tod auf einer Tafel serviert würde. Frau Schmidt hielt sich für eine vernünftige Frau. Trotzdem hatte sie damals sehr gelitten. Oft noch glaubte sie danach, die Stimme ihres Mannes zu hören. Die Stimme gab es nur in ihrem Kopf. Ihr Verstand sagte ihr, dass es nicht wirklich ihr Mann sein könne, aber ihr Herz wollte glauben, dass er es doch wäre. So wurde sie hin- und hergerissen zwischen Glauben und Zweifeln. Meistens hatte sie seine Stimme gehört, wenn sie in schwierigen Situationen war. Auch jetzt befand sie sich in einer schwierigen Situation. In dieser OP ging es um Leben oder Tod. Ob ihr Mann wieder zu ihr sprechen würde?

Sie wurde langsam müde. Das Narkosemittel begann zu wirken. Der Anästhesist bat sie, bis zehn zu zählen. Wie die Zeit auf einmal stehen zu bleiben schien! Bei fünf fielen ihre Augen zu und sie glaubte, das Gesicht ihres Mannes vor sich zu sehen. Er sah sie zärtlich an und sprach mit ihr. Beruhigend versicherte er ihr, dass sie keine Angst haben müsse. Er sei ja bei ihr. Dann fasste er sie bei der Hand. „Komm mit mir!", sagte er. Sie hatte überhaupt keine Angst und folgte ihm. Aber sie gingen nicht, sie schwebten. Es war seltsam: Als sie sich umwandte, sah sie sich noch auf dem OP-Tisch liegen. Dann blickte sie wieder nach vorne. Sie schwebten auf ein weißes Licht zu. Zunächst hätte man es für eine OP-Lampe halten können? Aber nein, dieses Licht war viel schöner als das einer Lampe, es verströmte Wärme, strahlte Geborgenheit aus und zog sie an. Sie fühlte sich jetzt glücklich, umarmte ihren Mann und gemeinsam tauchten sie ein in das Licht.

Die Ärzte hatten ihr Bestes gegeben, vergeblich. „Zeitpunkt des Todes: zwanzig Uhr fünfzehn", sagte einer. Dann gingen sie zum nächsten Patienten. Keiner bemerkte das glückliche Lächeln auf dem Gesicht der verstorbenen Patientin.

Geisterbesuch

Alina glaubte nicht an Geister.

Trotzdem sah sie diese Lichtgestalt in ihrem Zimmer! Das Mädchen wunderte sich. Sollte das ein Geist sein? Hatte er sie geweckt? Wenn es ihn aber gar nicht gab, warum war sie dann wach? War sie überhaupt wach oder träumte sie? Sie zwickte sich. Ja, sie schien sich in der Wirklichkeit zu befinden. Angst hatte sie nicht, versuchte im Gegenteil, den „Geist" anzusprechen. Er antwortete nicht. Sprechen konnte er offenbar nicht.

Er stand einfach nur regungslos da. Das wollte sie jetzt genau wissen! Sie knipste das Licht an. Da war niemand. Also doch eine Täuschung!? Aber immerhin eine, die sie sich nicht erklären konnte.

Sie dachte nicht allzu lange darüber nach. Erst als sich in der nächsten Nacht der Spuk wiederholte und auch in der übernächsten, wurde ihr klar, dass sie der Sache auf den Grund gehen musste.

Sie beschloss, den Geist – es musste sich ja um irgendetwas in der Art handeln – zu beobachten.

Er erschien jede Nacht um drei Uhr in der Frühe und blieb, wenn er nicht gestört wurde, zehn Minuten. (Von wegen Geisterstunde um Mitternacht!) Er erschien aus dem Nichts, als ob er vom Raumschiff Enterprise heruntergebeamt worden wäre, und verschwand auf die gleiche Weise.

Sein Gesicht war nur undeutlich zu erkennen. Es war das Gesicht eines sympathisch aussehenden Mannes mittleren Alters und es kam ihr irgendwie vertraut vor, obwohl sie es nicht einordnen konnte. Nachdem er in den ersten Nächten nur regungslos dagestanden hatte, hielt er ihr eines Nachts einen Gegenstand entgegen. Alina wollte ihn ergreifen, aber er war nicht materiell. Dennoch erkannte sie ihn. Das Original dieses Trugbilds stand auf dem Schreibtisch ihres Vaters. Es handelte sich um eine antike Jugendstil-Schatulle aus edlen Hölzern mit Metallapplikationen, die sie bisher nur aus der Ferne gesehen hatte. Der Schreibtisch ihres Vaters war für sie tabu.

Am nächsten Tag fragte Alina ihre Eltern, was es mit der Schatulle auf sich hätte. Vom Geist erzählte sie nichts.

Ihre Eltern reagierten merkwürdig. Zunächst schienen sie ungehalten, ja geradezu erschrocken zu sein, dass sie danach fragte. Sie wollten wissen, ob Alina hineingesehen hätte. Als Alina verneinte, begann die Panik aus ihren Augen zu verschwinden und ihre Gesichter verschlossen sich. Ihre Mutter fuhr sie barsch an:

„Das geht dich überhaupt nichts an. Wie kommst du überhaupt darauf?"

Alina antwortete: „Hat mich nur mal so interessiert. Kein bestimmter Grund."

Darauf die Mutter: „Lass das in Zukunft! Beschäftige dich mit etwas Vernünftigem!"

Am nächsten Tag war die Schatulle verschwunden.

Aber jetzt kam Leben in den Geist. In der darauffolgenden Nacht bewegte er sich schwebend aus dem Zimmer. Alina folgte ihm. Er hielt im Wohnzimmer neben dem großen Schrank an und deutete auf ein an der Wand hängendes Bild. Alina betrachtete es, konnte jedoch nichts Besonderes entdecken. Durch Gesten bedeutete ihr der Geist, das Bild abzunehmen. Alina tat es und entdeckte einen Tresor dahinter.

Wollte der Geist etwa, dass sie in den Tresor hineinsähe? Das war ihr sicher nicht erlaubt. Explizit verboten hatte es ihr allerdings auch niemand. Sie wusste bisher nicht einmal von seiner Existenz. Natürlich war sie alt genug, um von selbst zu wissen, dass sie da nichts zu suchen hatte.

Andererseits war sie neugierig, was der Geist beabsichtigte. Wenn sie nur hineinsähe, ohne etwas zu verändern, würde sicher niemand etwas merken. Aber das würde nicht so leicht werden: Der Tresor hatte ein Kombinationsschloss.

Wie sollte sie es öffnen?

Da sah sie, dass der Geist drei Finger erhoben hatte.

Meinte er damit ...? Alina stellte die Drei auf dem Schloss ein. Nun hob der Geist fünf Finger. So ging es weiter, bis sie alle vier Ziffern eingestellt hatte. Das Schloss klickte und sie konnte die Tresortür öffnen.

Da stand die Schatulle.

Alina sah den Geist fragend an. Der nickte ihr zu. Also nahm sie das Kästchen heraus und öffnete es.

In der Schatulle befanden sich zahlreiche Papiere und Fotos. Sie machte sich daran, die Dokumente zu sichten. Bald hatte sie durchschaut, dass es um sie selbst ging, und fuhr mit noch viel mehr Eifer fort. Es fanden sich Unterlagen über ihre Adoption. Dass sie als Baby adoptiert worden war, wusste sie bereits. In dem Stapel fanden sich auch Fotos von ihren leiblichen Eltern und von ihr als Baby, ferner Berichte eines Privatdetektivs, der die Spuren ihrer Mutter verfolgt hatte. Ihre Mutter war gar nicht tot, wie ihre Zieheltern ihr erzählt hatten. Sie lebte! Bei dem Unfall, bei dem Alinas Vater gestorben war, hatte sie schwere Verletzungen erlitten, hatte aber überlebt. Jedoch hatte der Tod ihres Mannes sie derart aus der Bahn geworfen, dass sie einen Nervenzusammenbruch erlitten hatte und in eine psychiatrische Klinik eingewiesen werden musste. Die Prognose war damals derart ungünstig, dass das Baby, Alina, zur Adoption freigegeben worden war.

Später hatte sich jedoch ihre leibliche Mutter wieder erholt und war als geheilt entlassen worden. Sie hatte versucht, die Adoption anzufechten – ohne Erfolg. Ihr Wunsch, Alina zu besuchen, war von den Adoptiveltern abgelehnt worden, ihre Versuche, Alina auf dem Schulweg zu treffen, waren mit Hilfe des Privatdetektivs vereitelt worden. Sogar ein gerichtliches Kontaktverbot war verhängt worden. Ihre Adoptiveltern mussten gute Anwälte gehabt haben.

Alina sah sich die Fotos genauer an. Da erkannte sie das Gesicht des Geistes: Es war ihr verstorbener leiblicher Vater! Sie wirbelte herum und wollte sich in seine Arme stürzen, aber sie griff ins Leere. Sie konnte die Lichtgestalt nur sehen, nicht berühren. Hilflos und verzweifelt stand sie ihm gegenüber. Der Geist lächelte sie liebevoll an und neigte den Kopf leicht, während er sich die Hände aufs Herz legte; dann warf er ihr eine Kusshand zu.

Alina musste weinen, aber sie war noch nicht fertig. Durch einen Tränenschleier las sie in den letzten Berichten die jetzige Adresse ihrer Mutter.

Ihr Entschluss war gefasst. Sorgfältig räumte sie alles wieder an seinen Platz und kehrte in ihr Zimmer zurück. Mit ihren 16 Jahren war sie alt genug, um allein reisen zu können. Sie packte das Nötigste in ihren Rucksack, leerte ihre Spardose und machte sich auf den Weg zum Bahnhof. Es dämmerte schon – bald würden die ersten Züge fahren. Sie wollte ihre Mutter sehen!

Gespräch auf der Parkbank

Es war ein angenehm warmer sonniger Nachmittag im Altweibersommer. Robert Schulte ging im Stadtpark spazieren. Sein Weg führte ihn planlos durch den Hain zum Teich. Für seine 75 Jahre kam er noch gut mit dem Gehen zurecht, aber von Zeit zu Zeit brauchte er eine Ruhepause. Daher wollte er sich auf die Parkbank am Ufer setzen. Als er am Gebüsch vorbeibog, sah er, dass dort schon eine betagte Dame saß. Er trat heran und fragte höflich, ob er am anderen Ende Platz nehmen dürfe. Die Dame gestattete es und er ließ sich nieder.

Sein Blick schweifte über den Teich und die Ufervegetation, blieb an den Enten und Schwänen im Wasser hängen und streifte gelegentlich seine Sitznachbarin.

Plötzlich durchzuckte es ihn.

„Ellen", stieß er hervor, „Ellen Baumgartner!"

Die Dame sah ihn überrascht an: „Ja, mein Geburtsname ist Ellen Baumgartner, aber seit 40 Jahren trage ich den Namen meines Mannes: Stettner. Und Sie sind …?"

„Entschuldigung. Mein Name ist Robert, Robert Schulte. Wir kannten uns einmal vor sehr langer Zeit."

„Oh, mein Gott! Robert …", murmelte die Frau.

„Ich hatte dich erst nicht erkannt, aber dieser Zug um deine Augen. Wir haben uns ja ewig nicht gesehen."

„Das ist nicht meine Schuld. Du bist damals gegangen, ohne dich umzusehen."

„Ich war jung und dumm."

Sie erinnerte sich: Es musste jetzt um die fünfzig Jahre her sein. Sie waren für fast fünf Jahre ein Paar gewesen. Die Hochzeit hatten sie schon geplant. Nur wirtschaftliche Gründe standen im Wege. Seine Anstellung war befristet mit unbefriedigender Perspektive und er wollte mehr Sicherheit, bevor er eine Familie gründete. Dann erhielt er plötzlich eine Festanstellung im Team des Firmenchefs und die Aussicht auf eine geregelte gemeinsame Zukunft eröffnete sich. Genau in diesem Moment tauchte Anette auf. Sie war – das lässt sich nicht leugnen – eine umwerfende Schönheit und hatte es vom ersten Augenblick an auf Robert abgesehen. Sein Widerstand war nicht der Rede wert: Er verfiel ihr vollkommen und kaum ein halbes Jahr später heirateten die beiden.

„Wie geht es Anette?", fragte Ellen.

„Sie hat nach zwei Jahren die Scheidung eingereicht und dann meinen Chef nach dessen Scheidung geheiratet. Ich habe sie seitdem nie wiedergesehen."

Er erinnerte sich an die Feier zum Firmenjubiläum, zu der er mit Anette erschienen war. Schon als er sie seinem Chef vorstellte, flirtete sie diesen ungeniert an. Der Chef – auch nur ein Mann – erwies sich als ebenso leichtes Opfer wie er zuvor. Eine nur notdürftig verborgene Affäre der beiden schloss sich an, seine eigene Scheidung von Anette, die Scheidung seines Chefs von dessen Frau und die Hochzeit der beiden Ehebrecher, zu der er natürlich nicht hinging. Er hatte die Firma bereits verlassen.

Inzwischen war ihm klargeworden, dass er genau das bekommen hatte, was er verdiente.

„Hast du wieder geheiratet?", wollte Ellen wissen.

„Ja, wir haben zwei Kinder, die inzwischen erwachsen sind. Und du – bist du glücklich mit deinem Mann?"

„Du hast kein Recht, mir diese Frage zu stellen." Ihr Gesicht verhärtete sich: „Mein Schicksal war dir damals egal. Heute braucht es dich auch nicht zu kümmern. Ich wünsche dir noch ein schönes Leben."

Damit erhob sie sich und ging, ohne sich umzusehen.

Eine Weile blieb Robert noch gedankenverloren sitzen, dann verließ auch er die Bank – in die andere Richtung.

Er wusste nicht, dass sie sehr bald an einem Gehirnschlag sterben würde.

Sie wusste nicht, dass er an einer schweren Leberzirrhose litt und nach ihrem Tod anonym ihre Leber transplantiert bekommen würde.

Die beobachtete Beobachterin

Jeannette setzte sich an den Tisch auf der Terrasse. Sie und ihr Mann Jakob waren hier Gast. Als berufstätiges Ehepaar hatten sie beide Karriere gemacht. Kinder kamen bislang nicht in Betracht. Das hatte ihr Ehrgeiz nicht zugelassen.

Ihre besten Freunde hatten sie eingeladen: ein Ehepaar mit zwei kleinen Kindern, einem Jungen und einem Mädchen. Die Kleinen tollten um den Tisch herum und spielten. Wer sagt, dass Jungen und Mädchen nicht miteinander spielen können? Die beiden konnten, und wie! Es war die reine Freude, ihnen zuzusehen.

Während die Gastgeberin noch in der Küche beschäftigt war, hatten die Männer sich in die Garage zurückgezogen, um das neue Auto des Gastgebers zu inspizieren. Jeannette überlegte gerade, zu ihrer Freundin in die Küche hineinzugehen, als die Kinder ein neues Spiel ausprobierten. Sie hatten es sich selbst ausgedacht und es funktionierte ähnlich wie „Himmel und Hölle". Sie hatten mit Kreide Felder auf den Terrassenboden gezeichnet, auf die sie in einer bestimmten Weise springen mussten.

Jeannette beobachtete die beiden fasziniert. Wie vergnügt und herzlich die Geschwister miteinander umgingen! Wie das ältere Brüderchen dem jüngeren Schwesterchen half, wie das Schwesterchen dem Brüderchen dankte und ihm ein Küsschen aufdrückte! Jeannette bekam feuchte Augen vor Rührung.

So vertieft war sie in ihre Beobachtung, dass sie gar nicht bemerkte, dass ihr Mann zurückgekehrt war und sie seinerseits liebevoll beobachtete. Indem er sich in sie hineinversetzte, spürte er, was in seiner Frau vorging. Er sah die Kinder mit ihren Augen, fühlte, was sie fühlte. Vorsichtig trat er an sie heran, legte zärtlich den Arm um ihre Schultern und gab ihr einen Kuss auf die Wange.

Dann flüsterte er:

„Das ist doch wirklich zu niedlich, nicht wahr. Ob wir auch irgendwann solche kleinen Racker haben werden?"

Jeannette wandte sich Jakob zu und antwortete:

„Zugegeben, das wäre wirklich schön, aber was würde dann aus unserer Arbeit?"

„Wir würden in die Elternpause gehen, erst du und danach ich."

„Da würden wir einige Rückschläge in unserer Karriere hinnehmen müssen."

„Und wenn schon! Ist es das nicht wert?"

Da brachen bei Jeannette die Dämme. Sie, die immer noch unter dem Zauber der Kinder stand, stieß lachend hervor: „Doch, du hast natürlich recht" und warf sich ihrem Mann in die Arme.

Nun konnte auch Jakob sich nicht mehr zurückhalten und die Freudentränen flossen in Strömen.

Die Gastgeber kehrten gerade rechtzeitig zurück, um den Entschluss mitzubekommen, und gratulierten den beiden.

Dann aß man und die stolzen Eltern der beiden Kinder erzählten ihren Gästen von ihrem Elternglück. Klar, dass sie es euphorisch in den leuchtendsten Farben schilderten und nur die positiven Seiten erwähnten.

Zwei Monate später war Jeannette schwanger.

Eine gute Partie

Der Novemberregen trommelte unerbittlich auf den Sarg und vermischte sich mit Julias Tränen. Sie stand am offenen Grab ihres vor einigen Tagen verstorbenen Mannes Jonathan und nahm Abschied von ihm. Unter den Trauergästen befand sich auch Gustav, ein alter Weggefährte ihres Mannes. Auch ihr selbst hatte er sehr nahegestanden. Die gemeinsame Vergangenheit kam ihr vor wie gestern:

Jonathan und Gustav hatten ihr damals zu Kaisers Zeiten kurz vor dem Weltkrieg beide den Hof gemacht. Sie waren Bundesbrüder in einer nichtschlagenden Studentenverbindung und genossen beide gleichermaßen ihre Sympathie. Julias atemberaubende Schönheit hatte die Burschen völlig um den Verstand gebracht und sie umschwirrten sie wie Motten das Licht. Eine klassische Konstellation: zwei edle Ritter im hehren Wettstreit um eine holde Maid. Und wie es sich in der Minnewerbung ziemt, gab die Schöne ihnen abwechselnd Zeichen ihrer Huld, nicht zu eindeutig, aber doch ein wenig ermutigend. Andererseits erwählte sie keinen der beiden endgültig.

Nicht dass Julia Spaß daran gefunden hätte, sie hinzuhalten, aber sie war eben noch nicht so weit. Es hatte einfach nicht wirklich gefunkt. Sie war beiden nähergekommen, aber keinem so nahe, dass sie die große Liebe empfunden hätte. Und die jungen Männer drängten sie nicht. Es könnte wohl daran gelegen haben, dass sie alles zu dritt unternahmen, dass sie alle drei befreundet waren. Die Situation gefiel ihnen offensichtlich. Eine Ménage à trois amical also. Sie spielten dieses Spiel vergnügt, mit einer gewissen erotischen Spannung, übermütig und, ohne sich ernsthaft zu streiten. So verbrachten sie einige Jahre als gute Freunde, wobei jedoch die Konkurrenz immer eine Rolle spielte.

Dann kam der grausame Krieg. Julia wartete in Angst zu Hause, während die Männer ins Feld zogen. Beide Männer kehrten immerhin lebend zurück, aber Jonathan hatte seinen rechten Arm verloren. Julia war erleichtert, sie wiederzusehen. Sei es, dass der Krieg ihr die Unerbittlichkeit des Schicksals vor Augen geführt hatte, das Entscheidungen verlangt, sei es, dass Jonathans Verwundung ihr besonderen Respekt oder Mitleid abnötigte – jedenfalls entschied sie sich nun für Jonathan. Vielleicht wollte sie den schwierigeren Weg wählen, vielleicht gebraucht werden. Wahrscheinlich aber hatte sie endlich den Ruf der Liebe vernommen. Julia und Jonathan heirateten. Gustav zog sich etwas von den beiden zurück, der Kontakt lockerte sich.

Julia und Jonathan führten eine glückliche Ehe, gesegnet mit zwei Kindern, einem Sohn und einer Tochter. Jonathan wurde Gymnasiallehrer, später Schulleiter und konnte seiner Familie einen bescheidenen Wohlstand bieten. Das Ehepaar liebte sich innig vom ersten bis zum letzten Tag.

Nun hieß es also Abschied nehmen. Gustav umarmte Julia und sie gedachten des verstorbenen gemeinsamen Freundes. Seine schwere Krankheit hatte das Ende ahnen lassen. Im Schlaf zu gehen, wie es ihm beschieden war, konnte in seinem Fall noch als glückliche Fügung angesehen werden. Auch im täglichen Leben hatten die Umstände düstere Schatten vorausgeworfen: Jonathan hatte mit der neu entstandenen Diktatur in Deutschland nicht zurechtkommen können. Wer weiß, was ihm da noch geblüht hätte?! Das jedenfalls blieb ihm erspart.

Später, nach dem Leichenschmaus, sprachen Julia und Gustav noch lange über die alten Zeiten. Auch Gustav hatte geheiratet und Kinder bekommen. Er hatte überaus ehrgeizig gearbeitet und war Fabrikant geworden, bewohnte eine prächtige Villa am Wannsee. Nachdem er ausgiebig erzählt und wohl auch ein wenig angegeben hatte, meinte er scherzend zu Julia:

„Du siehst, ich wäre eine gute Partie gewesen."

Julia antwortete:

„Ich weiß. Ich wusste es schon immer. Das Problem ist: Du wusstest es auch schon immer. Unter anderem deshalb habe ich mich damals gegen dich entschieden."

Epilog: Die beiden Familien blieben befreundet. Jonathans Sohn heiratete später eine von Gustavs Töchtern.

Miteinander gehen

„Sie gehen miteinander", sagte man in ihrer Jugend, wenn zwei Menschen fest zusammen waren. Und sie waren fest zusammen, seit Jahrzehnten. Irgendwann hatten sie geheiratet, Kinder bekommen. Die Kinder waren inzwischen erwachsen geworden und ihrer Wege gegangen. Sie, die Eltern, hatten eines der schönsten Geschenke der Liebe erhalten: ihre Kinder aufwachsen zu sehen und miteinander alt zu werden. Und immer noch gingen sie gern miteinander, sei es durch die Stadt oder durch die Natur.

Heute gingen sie durch ihren Lieblingswald. Ein ergiebiger Sommerregen hatte alles durchnässt. Jetzt schien wieder die Sonne. Sie hatten einen schattigen Weg eingeschlagen. Die Erde, das Moos, die Pilze, die Baumborken, die Nadeln, die Blätter, alles duftete nach Feuchtigkeit und Frische. Zu zweit genossen sie die Natur doppelt. Wie das Sprichwort sagt: Geteiltes Leid ist halbes Leid, geteilte Freude ist doppelte Freude. Viel hatten sie miteinander geteilt, Gutes und Schlechtes. Sie genossen es, durch die Natur zu schlendern, ein Teil von ihr zu sein. Was für eine Freude! Sie glaubten, die Vögel des Waldes zu verstehen, wie sie jubilierten.

Es war so schön, dass sie beinahe Raum und Zeit vergaßen. Der Wald öffnete sich auf eine Wiese, die sich über einen Hügel erstreckte. Darüber spannte sich ein Regenbogen. Am Ende eines Regenbogens würde man einen Topf voll Gold finden, heißt es in den Sagen. Nur, das weiß jeder, kann man das Ende des Regenbogens nicht finden. Heute aber fanden die beiden das Ende des Regenbogens. Sie sahen es und näherten sich, bis es direkt vor ihren Füßen lag. Wie aus Glas erhob sich ein leuchtender Steg und lud sie ein, den Bogen zu betreten. Es gab ihn tatsächlich: ein Gebilde aus flirrendem Licht. Und er trug sie, als sie ihn Hand in Hand bestiegen. Sie gingen hinauf, nicht zögernd oder ängstlich, nein, mit schlafwandlerischer Sicherheit, beinahe schwerelos, als wäre es das Natürlichste von der Welt.

Bald fanden sie sich hoch über der Landschaft. Es erschien ihnen wie ein Traum, den sie gemeinsam träumten. Sie blickten sich gegenseitig in die Augen, dann auf die Wiesen und Wälder, dann wandten sie sich wieder einander zu und lächelten sich an. Der Regenbogen führte sie in die Wolken. Es wurde dunstig, sie konnten nicht mehr weit sehen. Beinahe hätten sie erwartet, an die Himmelspforte zu gelangen, mit Petrus davor. Nein, so war es nicht. Sie hörten auf einmal Stimmen, tröstende, beruhigende, liebende Stimmen. Sie gehörten ihren verstorbenen Eltern, Großeltern und vielen andere, an die sie sich gern erinnert hatten. Ihnen wurde leicht ums Herz. Sie fühlten sich gleichzeitig als Kinder und als erwachsene Eheleute. Vor ihnen leuchtete ein warmes Licht, das sie anzog. Sie gingen darauf zu und, als sie ankamen, tauchten sie ein in ein unbeschreibliches Gefühl des Friedens und der Geborgenheit. Sie waren miteinander gegangen und angekommen.

Leben und Sterben

Agatha litt unter Alzheimer im fortgeschrittenen Stadium. Bei ihrem gesegneten Alter stellte das keine Seltenheit dar. Mittlerweile erkannte sie selbst ihre Kinder und Enkel nicht mehr. Ihren Mann hatte sie längst überlebt und, als sie noch klar denken konnte, hatte sie oft davon gesprochen, ihm bald ins Jenseits folgen zu wollen.

Jetzt konnte man nicht mehr mit ihr darüber sprechen. Ihre kognitiven Fähigkeiten waren derart eingeschränkt, dass sie nicht einmal die Frage hätte verstehen können.

Wenn sie ihre Kinder auch nicht mehr erkannte, so spürte sie doch die Liebe, die sie ihr entgegenbrachten. Und sie war noch in der Lage, Liebe mit Liebe zu beantworten. Wie schöne Stunden sie noch mit ihren Kindern verbrachte!

Sie liebte die ganze Welt. Das war etwas, das tief aus ihrem Inneren kam. Der Verstand wurde hierfür nicht gebraucht. Es handelte sich um eine Verhaltensweise, die sie im Lauf ihres Lebens angelegt hatte und die jetzt ungehindert zur Entfaltung kamen. Nie war sie Gott näher gewesen als jetzt, da all die Verständnisschwierigkeiten des Glaubens sich in Luft aufgelöst hatten. Es kam hinzu, dass es die vielen kleinen Widrigkeiten des täglichen Lebens, die manchmal schlechte Gedanken mit sich gebracht hatten, nicht mehr gab. Es gab nur noch Frieden. Frieden mit sich und der Welt.

An ihrem Leben hing sie jetzt, diesem Leben in Liebe. Hätte sie entscheiden können, so hätte sich immer wieder aufs Neue für das Leben entschieden. Ihre irdischen Fesseln waren weitgehend bedeutungslos geworden. An der Schwelle des Todes ist man weiter. Nicht dass man mehr wüsste, aber man ist entrückter. Gleichzeitig freut man sich am Leben. Man liebt es. Niemals sonst spürt man die Freude am Leben so intensiv, als wenn man im Begriff ist, es zu verlieren. Einfach nur leben: Das ist es, was man will.

So lebte Agatha noch einige Jahre, zum Schluss an Apparate angeschlossen, aber schmerzfrei und mit einem Lächeln auf den Lippen. Sie hatte keine Angst vor dem Sterben, aber auch keine Sehnsucht danach. Der Tod kam ganz sacht und leise.

Lyrik

Herzschmerz

Von all den vielen Hypochondern
Gefällt mir Egon im Besondern.
Es gibt, das sei einmal gesagt,
kaum etwas, das er nicht beklagt.

Im Ganzen lebt er sehr bequem,
doch plagt ihn heimlich ein Problem:
So sehr er auch nach Else schmachtet,
noch nie ward er von ihr beachtet.

Als letztens Else ihn berührt,
da hat er einen Stich verspürt.
Er schrie und meinte ohne Scherz,
jetzt schmerze ihn auch noch das Herz.

Großer Mist

Der Mensch erträgt ja vieles
im Laufe jenes Spieles,
das sich so Leben nennt,
Ganz schlimm wird es dann aber,
wenn er erst mal erkennt,
dass ohne das Gelaber
der Herrschenden der Dinge
doch alles leichter ginge.

Zu sehn, was nötig ist,
und dran gehindert werden,
das ist ein großer Mist
in unsrer Zeit auf Erden.

Geistesprotze

Bewahrt mich bloß vor hohlen Geistesprotzen!
Absurd: mit einem Wissen voller Lücken
noch anzugeben wie 'ne Tüte Mücken!
Bei dem Gesülze kommt mir nur das Kotzen.

Ich selber weiß natürlich auch nicht mehr,
doch kann ich bei Bedarf die Klappe halten.
Beschimpft mich ruhig als den dummen Alten –
ein Depp, wer's tut! Es kratzt mich gar nicht sehr.

Die Menschheit kann halt vieles nicht verstehen.
Selbst wenn ich noch so sehr die Denke quäle:
Ich irre geistig nur durch leere Säle.
Es muss dann ohne meinen Senf mal gehen!

Die Biene

Die Biene fragt: Warum?
Warum bin ich kein Riese?
Bin immer nur die Liese
und wohl ein bisschen dumm.

Sie tummelt sich herum,
sucht Blumen auf der Wiese,
bestäubt sie mit Gebrumm –
wenn nicht, gäb's eine Krise.

Der scheue Troll

In seiner Höhle haust ein scheuer Troll.
Gar hässlich ist er und gewaltig groß.
Vor Angst erzittert er, nahst du dich bloß,
und kotet schlotternd sich die Hosen voll.

Na toll, du Troll, das riecht nicht, wie es soll.
Nun schmoll nicht, Troll, ist doch kein Grund zum Groll!

Malheur passiert, wir haben den Salat –
jetzt müssen wir das wieder saubermachen.
Die Schweinerei ist wirklich nicht zum Lachen:
Fiel doch der Troll vor Schreck in den Spagat!

Schäfchen zählen

Erwach aus deinem schlimmen Traum,
betritt den Silbermondenschein!
Hinaus, hinaus zum Kirschenbaum,
gleich hinter diesem Hang aus Stein!

Birg dein Gesicht in seinen Blüten!
Das reicht. Geh jetzt zu jenen Schafen,
zu schützen sie und zu behüten!
Du bist schon dicht davor zu schlafen ...

Zuletzt darfst du die Schäfchen zählen,
Gemächlich mach es, bis zum Rest.
Bedenk: Es darf dir keines fehlen!
Das war's. Nun schläfst du tief und fest.

Schlummertaste

Zu früh! Zu früh ertönt der Wecker.
Verflixt nochmal, bin doch kein Bäcker!
Und bin ja wohl auch nicht verrückt.
Ganz schnell den Schlummerknopf gedrückt!
Noch fünf Minuten, das ist fair.
Ich wünschte nur, es wäre mehr.

Jetzt Augen zu und liegen bleiben!
Dann lass dich in Gedanken treiben:
an einen Sandstrand unter Palmen,
auf Gipfel hoch und über Almen.
...

Oh nein, da klingelt es erneut.
Ich hör es und bin nicht erfreut,
doch diesmal muss ich mich erheben.
Ach je, wie schwer ist doch das Leben!

Mein Computer

Schon wieder sitz ich vor der Kiste,
mit der ich nun mein Leben friste,
und haue wütend in die Tasten:
So mach doch endlich, blöder Kasten!

Der Apparat erträgts geduldig
und bleibt mir die Beschimpfung schuldig.
Ich malträtiere ihn mit Tritten,
statt Compi freundlich mal zu bitten.

Er schluckt das alles ungerührt,
wogegen ich den Fuß gespürt.
Da setze ich die Tasten ein:
Der Klammergriff wirkt immer fein.

Na also, jetzt pariert er schon,
gibt mir die schöne Illusion,
in dieser Welt Gehör zu finden
und das noch, ohne mich zu binden.

Er dient mir wie ein Ackergaul.
Ich brauche das; denn ich bin faul.
Was immer ich auch will, das tut er,
mein unentbehrlicher Computer.

Die Liebe und die Rose

Um sie der Liebsten zu schenken,
schnitt er die Rose, die rote.
Lieb war der Schönen die Tote,
ließ sie des Liebsten gedenken.

Kaum dass die Liebe verfing,
brannte sie, bis sie verglühte,
da auch die Liebenden starben.
Lang hielt die Rose die Farben.
Kopfüber hängt nun die Blüte;
blieb, als die Liebe verging.

Lebensende

Das Leben hat ein Ende,
auch wenn man das nicht mag.
Es kommt dereinst der Tag,
da naht der Tod behände.

Und steht er auf der Matte,
so zögere ich noch
und sage mir dann doch,
dass ich mein Leben hatte.

An eines bleibt zu denken
(das ist des Lebens Sinn):
beizeiten den Gewinn
und selbst sich zu verschenken.

Carpe diem

So manches Schöne schenkte uns das Leben.
Sei dankbar, ohne es zu konservieren!
Die Zukunft wurde uns noch nicht gegeben.
Beschenkten ziemt es nicht, nach mehr zu gieren.

Geometrisches Essen

Mein Essen ist geformt,
zuweilen gar genormt.
Was ich schon lange ahne:
Gekrümmt ist die Banane.
Die Gurkenkrümmungsnorm
entfällt EU-konform.
Ich freue mich und fräse
ein Prisma aus dem Käse.

Das Ei ist sehr gesund,
nicht Kugel und doch rund.
Oval zeigt sich der Schnitt,
das Dotter in der Mitt'.
Ich öffne meinen Mund
und steck es in den Schlund –
den Würfelzucker auch,
und rund formt sich mein Bauch.

Der dunkle Fluss

Die Tränen, die der Berg dem Land geschenkt:
ein Fluss, der dunkler ist als jede Nacht.
Von Traurigkeit wird er hervorgebracht,
von Leiden in die Welt hinausgelenkt.

Doch kann er nicht an einem Orte bleiben,
die Dörfer, Wälder, Wiesen kommen, gehen.
Es rauscht der Fluss und strömt und will doch stehen
und windet sich und lässt sich haltlos treiben.

Die Ufer schwinden, schilfumflort und seicht,
umspült von Fluten, die sich weit ergießen,
von alten Träumen, die nun leiser fließen.

Der Fluss, der nie sein fernes Ziel erreicht,
verweilt noch, um dann sanft hinausgezogen
und eins zu werden mit den Meereswogen.

Schatten

Die Schatten der Waldstraße ziehen
zum flackernden Schein der Laternen.
Verloren: Sie möchten noch fliehen
und können sich nicht mehr entfernen.

Wenn Schatten die Blicke berühren,
ergreift dich die Angst eines Kindes.
Den nächtlichen Schauer zu spüren,
vertrau nur der Fremdheit des Windes.

Du sehnst dich den Wolken entgegen,
den Wettern ein Opfer des Raubes.
Was bleibt, ist nur strömender Regen
im Rauschen sich neigenden Laubes.

Es stellen die Schatten die Frage,
die Nacht hilft, die Antwort zu finden:
Allein bist du, träum nicht vom Tage,
doch sieh, die Gewitter entschwinden.

Die Pflaume und die Fliege

Die Pflaume hing am Baume
und hielt sich nicht im Zaume.
Sie fiel auf einmal runter,
da war die Wiese bunter.
Dort unten blieb sie liegen,
umschwirrt von vielen Fliegen,
und faulte vor sich hin,
mit einer Made drin.

Verpuppt hat sich die Made;
doch wurde ihr bald fade.
So kroch aus dieser Wiege
das kleine Kind der Fliege.
Drosophila hieß sie,
das unverschämte Vieh.

Nun werden manche fragen:
Was soll uns das denn sagen?
Die Antwort ist nicht schwer:
Es gibt 'ne Fliege mehr.

Regen

Der Regen kommt ganz leise, sacht,
wobei er lächelnd, zauberhaft,
die alte Erde fruchtbar macht –
in junge Bäume schießt der Saft.

Die Zweige werden hochgebogen,
geschlossnen Auges freu ich mich.
Das Moos ist feucht und vollgesogen,
der Schoß der Schöpfung öffnet sich.

Vereinzelt nacktes Felsgestein,
dazwischen Humus, dumpf in Schwere.
Er lässt den Regen tief hinein,
als ob es ihm ein Segen wäre.

Haiku (Springkraut)

Springkraut –
Warten auf
Berührung

Der Bergsee

Der See liegt oben und vom Berg geborgen,
harrt aus dort, ohne Heute oder Morgen,
ein stiller Hort geheimnisvoller Zeichen,
erweckt Gefühle, die ich will und spüre,
wenn ich das kühle Wasser sanft berühre,
aus Tiefen, die wir Menschen nie erreichen.

Sein Wasser lässt die bösen Geister fliehen,
der Himmel hat es uns dafür geliehen.
Wir ehren es wie ein Geschenk auf Erden.
So schwebt der See seit sagenhaften Zeiten
als Opferschale der vom Tod Befreiten,
als Seelentränke für die Menschenherden.

Von weitem hören wir die eignen Lieder,
das Weltall spiegelt sich im Wasser wider:
Wir können all die fernen Sterne sehen.
Man kann auf diese Spiegelwelten hoffen.
Das Tor zu ihnen halten wir ja offen,
wenn wir in klarer Nacht am Bergsee stehen.

Die beste Frau

Für Heike

Als der Herrgott einst die Frau gemacht,
hat er sich die Sache so gedacht:
Adam möge Eva gut beschützen,
umgekehrt soll sie ihn unterstützen.
Was kann diesem Paar dann noch misslingen?
Fröhlich schon die Hochzeitsglocken klingen!

Wird der Ehealltag Adam schmecken?
Ganz begeistert wird er das entdecken,
macht ja auch, was immer Eva will,
wundert sich vielleicht, doch schweiget still.
Dafür liebt die Frau den Mann nicht bloß,
schenkt ihm auch noch Kinder, zieht sie groß.

Hausfrau, Mutter, mitten im Gewühl,
das noch gut gelaunt und mit Gefühl,
Tatkraft zeigen überall und helfen:
Frauen sind so märchenhaft wie Elfen.
Jeder Mann denkt schließlich still bei sich:
Welch ein Glück, die beste Frau hab' ich.

Herbst

Es reift die Frucht am Strauch,
der Ernte kommt die Zeit,
die Zeit des Abschieds auch –
das Gute steht bereit.

Vom Wind spürt man den Hauch
und geht Kartoffeln klauben.
Von Feuern steigt der Rauch,
verkündet, was wir glauben.

In all den Erntesegen
gelingt es einzutauchen –
um das zurückzulegen,
was wir im Winter brauchen.

Die Blätter auf den Wegen,
vom Wind umhergetrieben,
sie rufen uns zum Fegen,
sind alles, was geblieben.

Blätter im Herbst

Ich spiele oft mit Tieren,
wär' gerne eins der ihren.
Grad schwimm ich mit den Schwänen,
als alle Wolken brechen.
Die Blätter weinen Tränen
und wollen zu mir sprechen:

das Flüstern einer Frau
von Sternen und vom All ...
Die Luft schmeckt bitter-lau
nach Sehnsucht und Verfall.
Ein Abschied, den wir kennen,
wenn Liebende sich trennen.

Der Nebel hüllt mich ein;
ich fühle mich ganz klein
und muss sie wieder tragen,
die Last aus Kindertagen.

Auf Blättern aus der Zeit
wünscht ich davonzuschweben,
um dann, entrückt ganz weit,
im Nirgendwo zu leben.

Die Schwäne sind verschwunden,
der See ist leer und kalt.
Der Herbst herrscht unumwunden,
das Jahr wird langsam alt.

Im Herbst des Lebens

Für Heike

Auf einmal stehen wir im Herbst des Lebens,
der Frühling ist, der Sommer schon gegangen,
es hat die Zeit der Reife angefangen,
genug, genug des Suchens und des Strebens.

Wie ist die Zeit so unbemerkt verstrichen!
Die Kinder sind schon lange groß geworden,
verdient hast du als Mama einen Orden.
Die Welt und ihre Farben sind verblichen.

Den Rest des Weges wollen wir noch gehen,
genießen, was so alles gleichgeblieben,
und dennoch dem, was kommt, ins Auge sehen.

Auch wenn wir immer gerne sie verschieben,
die letzte Prüfung müssen wir bestehen,
um dann im Jenseits ewig uns zu lieben.

Was braucht man zu Weihnachten?

Wie mutet Weihnacht traulich an,
ob mit, ob ohne Weihnachtsmann!
Geschenke, Schnee, das ist nicht wichtig,
doch Herzenswärme, die ist richtig.

Erinnerungen zu erwecken,
sich zu umarmen, mal zu necken,
Ein Weihnachtsliedchen froh zu singen,
zu hören, wie die Glocken klingen:
das kostet nichts und tut doch gut,
Gefühle strömen: eine Flut!

Manch einer wird auch überlegen,
woher er kommt, der Weihnachtssegen.
Da möge er nur in sich lauschen:
man hört der Engel Flügelrauschen.

Weihnachtsabend

Sieht so der Heiligabend aus?
Geschäftigkeit und buntes Treiben!
Wo soll denn da die Stimmung bleiben?
Am besten gehen wir nach Haus.

So schleichen wir uns just in time.
Der Weg führt durch den dunklen Wald;
wir frieren, es ist bitterkalt,
doch freuen wir uns auf daheim.

Von ferne schimmert schwach ein Licht.
Es schneit, vereinzelt fallen Flocken
und silbern klingen kleine Glocken –
nur sehen können wir sie nicht.

Noch einmal nach sehr langer Zeit
wird da an andere gedacht,
wie man zu Weihnachten das macht.
Zur Liebe sind wir jetzt bereit.

Vom Wald sind wir nach Haus gekommen,
erinnern uns der alten Zeiten;
man will einander Glück bereiten
und feiert, bis das Licht verglommen.

Weihenacht

Mein Anselm, sprach der Herr Vikar,
jetzt geh ins Priesterseminar
und gib mir auf die Weihen acht;
wir sehn uns dann zu Weihenacht.

Weihnachtsstollen

Es buk gern Herr Meier aus Speyer.
Am Weihnachtstag nahm er zwei Eier,
um Teig auszurollen:
Er buk einen Stollen,
doch leider zu spät für die Feier.

Kinderschreinacht

Nun kann die Feier endlich starten,
das Weihnachtsfest im Kindergarten.
Wie alle durcheinander toben!
Wir wollen das nicht auch noch loben.
Erzieher bremsen, setzen Schranken,
die Kinder kommen auf Gedanken:
Sie klettern auf den Weihnachtsbaum,
versprühen ringsum Teppichschaum.
Juchhe, das sieht ja aus wie Schnee,
bedeckt die Sterne aus Gelee.
Derweil ein kleines Bächlein rinnt,
weil eins der Kinder zu sehr spinnt.
Jetzt machen wir mal richtig Stimmung,
erreicht wird sie durch Lichter-Dimmung:
Das Licht gelöscht, so muss es sein;
denn alle wollen Kerzenschein
im Dunkeln wie in einer Gruft,
dazu der Tannennadelduft.
Nur findet man hier kein Gerippe,
stattdessen steht da eine Krippe.
Natürlich gibt es auch Gesinge,
wir essen dabei Baumschmuckringe
und treiben Unsinn, wie's nur geht,
so mancher spricht ein Stoßgebet.
Um viertel acht ist Schicht im Schacht,
genug gespielt für diese Nacht.

Nacht der Engel

Was ist es, das die eine Nacht
von allen so besonders macht?
Der Schnee fällt glitzernd und ganz still –
es hört sich selber, wer das will.

Wie schön, dass es heut' Abend schneit!
Die Weihnachtsnacht ist eine Zeit,
da Himmelsengel Menschen werden.
Zu diesem Fest sind sie auf Erden,
die eine Nacht bei uns zu weilen,
mit uns das Menschenleid zu teilen.
Sie geben sich nicht zu erkennen:
Ihr Anblick würde uns verbrennen.

Doch streichen sie uns übers Haar;
und singen dazu wunderbar
von Frieden und von Seligkeit.
Das öffnet unsre Herzen weit.

Winternacht

Doppelt kalt wird es und doppelt dunkel,
wenn die Nacht den Winter trifft.
Friere nur, doch sieh: Im Schneegefunkel
zeigt sich eine zarte Schrift.

Kunde gibt sie von der tiefen Größe
des nach oben off'nen Alls,
dem wir preisgegeben sind in Blöße,
Opfer ewigen Verfalls.

Eis und Leere – Heimat ganz zuletzt;
nur vereinzelt Sternenlicht.
Was auf Erden jemals uns verletzt:
Jenen Ort erreicht es nicht.

Karneval

Herr Meier wohnt drüben am Eck,
im Karneval wär' er gern Jeck.
Er fährt an den Rhein;
im Zug gibt's zum Schwein
zehn Kölsch und am Ziel ist er weg.

Winter

Bis zum Anfang des Winters will keiner ihn haben, den Winter.
Harmonie bringt er erst, wenn er da ist, und schon liebt man ihn.
Aus der Welt rinnt die Wärme, die südlichen Winde entflieh'n.
Vor der Kälte bewahrt einen nur das Geheimnis dahinter.

Sieh den himmlischen Dom ungeheuer nach oben hin ragen.
Miteinander gefangen in diesen geräumigen Hallen
sind wir Opfer, wenn alles von dort sich anschickt zu fallen.
Das Gesicht wenden wir jenem Fallen entgegen mit Fragen.

In der Tiefe des Weltalls die Sterne, sie halten sich nicht.
Wie sie emsig herabsinken, dichter als dicht im Gewimmel!
Es ist Schnee, der da rieselt wie göttliche Gnade vom Himmel.
Er bedeckt unsre Sünden und ebnet die Welt für das Licht.

Frühling

Frühling bricht durch alle Dämme,
wilde Wogen wollen mahnen,
dass ich ihm entgegen schwämme!
Lüfte bringen leises Ahnen,

tragen mit sich Fruchtbarkeit.
Engel schweigen, tanzen Reigen,
heimlich, in Bescheidenheit,
drüber summen stumme Geigen.

Allerliebste, die sich fehlen,
finden sich im Sonnenschein.
Herzen glühen, wärmen Seelen,
sorglos soll der Frühling sein.

(Hommage an Eduard Mörike)

Haiku (Regen)

Nach dem Regen –
nasser Asphalt
in der Sonne

Der freche Sommer

Der Sommer ist ein frecher Mann
und macht sich an die Frauen ran,
verführt sie erst, sich zu entkleiden.
Dann scheucht er sie ins kühle Nass,
drapiert sie noch aufs grüne Gras,
an ihren Formen sich zu weiden.

Weizen im Wind

Aus den Wolken greift der Wind
tief ins Feld, zerwühlt es wild.
Schließ die Augen, spür ihn blind
überall; dann sieh das Bild,

jetzt die Augen wieder offen:
Ähren auseinanderspritzen,
peitschend von der Bö getroffen,
Sonnenreflexionen blitzen.

Licht und Schatten im Gewaber,
Halme finden sich zu Garben,
trennen, teilen sich dann aber,
bilden Furchen, wechseln Farben:

Dunkle werden helle Stellen,
die uns leuchten, dir und mir.
Weizen wogt in weiten Wellen,
Ferne ruft – wir bleiben hier.

Die Leere des Sommers

Es ist schon alles durchgewärmt,
du wirst der Hitze überdrüssig.
Die Mücken sind nun ausgeschwärmt.
der Boden wird vor Dürre rissig.

Er war ersehnt, der Sonnenschein,
das Freisein von jedweder Schwere.
Du fühlst: Die Welt ist wirklich rein –
und fällst in eine tiefe Leere.

Dir ist zu viel gegeben worden –
du bist von all dem ganz benommen,
weil die Gefühle überborden,
und fragst: Was soll denn jetzt noch kommen?

Der Wahrheitsbaum

In seinem Walde steht der Wahrheitsbaum,
umgeben rings von Buchen, Tannen, Eichen.
Nach Wahrheit gräbt er tief in Erdenreichen,
nach oben reckt er sich und schafft sich Raum.

Der Boden, nein, enthält die Wahrheit kaum,
der Baum kann seine Ziele nicht erreichen.
Zwar trifft er Schemen, die der Wahrheit gleichen,
doch reine Wahrheit bleibt für ihn ein Traum.

Vergeblich will der Baum die Sonne greifen,
er lässt, was er für wahr hält, fruchtig reifen.
Zur Sonne wachsen diese Früchte nicht.

Die Blätter fangen an, weithin zu schweifen –
sie ziehen langsam ihre großen Schleifen
und landen trudelnd dann im Sonnenlicht.

Hoffen

(zu dem nebenstehenden Bild des Autors)

Die Welt ist wüst und leer ...
Inmitten jenes Raumes,
wo kalte Träume schweben:
ein karges, trocknes Meer.
Als Frucht des toten Baumes
entsteht das Menschenleben.

Dort welkt der Mensch dahin
und sucht nach einem Sinn,
    er fällt
        und sinkt,
            vergeht,
ein Blatt im Wind, verweht.

Wenn vieles auch zerbricht,
das Ende bleibt doch offen.
So können wir noch hoffen:
auf mildes Sonnenlicht.

Tierasyl

Verfallen ist der Taubenschlag,
wer weiß, ob's an den Schrauben lag?
So sind zwei Tauben ausgeflogen
und gleich in unser Haus gezogen.

Hier leben sie als zahmes Pärchen,
daneben wohnt ein lahmes Bärchen.
Wir haben viele solche Tiere,
darunter auch der Molche viere.

Sie dürfen gern auch frei hier laufen,
nur Vorsicht, dass nicht zwei sich raufen!
Denn wer soll unsern Schmerz ermessen,
wenn etwa Löwen Nerze fressen?

Die Tiere muss man vorher trennen,
dass sie nicht durcheinander rennen.
Kein Tier wird uns von hier entrissen,
wir würden es sonst sehr vermissen.

Der ungestriegelte Beagle

Fehlt ihm der Striegel,
hilft sich der Beagle
vor seinem Spiegel
mit einem Igel.

Die nicht patzenden Katzen

Statt zu patzen,
schlagen Katzen
mit den Tatzen
auf die Ratzen,
bis sie platzen.

Der allzu kleine Igel

Oh je, du armes Igelein,
du bist ja wirklich viel zu klein!
Wie willst du durch den Winter kommen?
Da wirst du von uns mitgenommen.
Wir nähren dich mit Katzenfutter,
umsorgen dich wie eine Mutter.

Und bist du schließlich groß und fett,
so heißt es: Tschüss, es war sehr nett!
Wir werden uns wohl wiedersehen,
nur flüchtig, im Vorübergehen,
und während wir vor Freude brennen,
wirst du uns leider nicht erkennen.

Doppelmord

In einer kalten Winternacht im Mondenschein,
flog einst ein Mückenpärchen in ein Haus hinein.
Dort schliefen grad zwei Menschen tief und wonniglich,
da fragte keck die Mückerin den Mückerich:

"Wohin lädst du mich ein? Was machst du denn mit mir?
Was ist das für ein düstrer Raum, es ist doch hier
genauso kalt wie draußen." Darauf er zu ihr:
"Das schon, doch biet ich eine warme Mahlzeit dir."

Sie dankte sehr und ließ sich das nicht zweimal sagen,
sie setzte sich und schlug sich voll mit Blut den Magen.

Er selber aß nicht mit, ihm war noch nie nach Blut...
Die Menschen wachten später auf, ganz wohlgemut,
juchhe, da schlugen sie die beiden Mücken tot -
wozu denn nur? Das Blut war weg, der Fleck war rot.

Vollmond

Wer will nicht mit den Wölfen heulen,
wenn sacht das Herz des Menschen weint
und Schatten rings die Erde fäulen,
weil über ihr der Vollmond scheint.

Wie silbrig schimmern wir und falb!
Wir sehen dieses Spiel mit Bangen.
Es ist, als seien wir schon halb
aus unsrer Welt hinausgegangen.

Die andre Welt, sie zieht uns an,
im Diesseits hält uns nur die Sorge,
dass jene Macht sich irgendwann
das Tiefste unsrer Seele borge.

Begegnung im Nebel

Der Nebel stieg die letzten Stunden,
es hob sich wallend eine Wand.
Dahinter ist die Welt verschwunden
und, während sie im Nichts verschwand,
erweckten Schwaden in mir Tiefen,
die besser im Verborg'nen schliefen.

Ich scheine in ein Loch zu fallen,
wo dunkle Schemen lauern, lallen.
Schon löst sich jemand aus dem Dunst
und nähert sich mit weiten Armen.
Gewährt ein Geist mir seine Gunst?
Hat er mit Sterblichen Erbarmen?

Zu jammern scheint er und zu klagen;
er deutet an, verspricht recht viel,
auch will er mir wohl etwas sagen,
verschleiert sich und spielt ein Spiel.
Hat er mich etwa ausgelacht?
Da wird der Schatten schon zerrissen:
Es ist ein leichter Wind erwacht.
Die Wahrheit werd' ich niemals wissen.

Romeo und Julia reloaded

Zum letzten Mal umarme ich dich nun –
ach, seien wir auf ewig so vereint
und trotzen jenem Schicksal, welches meint,
es könne immer, was es wolle, tun.

Ein Leben ohne dich, das soll nicht sein:
Entschluss gefasst – das Gift liegt auch schon da.
Dir nachzufolgen – dazu sag ich ja,
auf ewig bin ich dein und du bist mein.

Doch halt, das wollten wir ja neu gestalten:
Die Augen schlägst du auf und willst mich halten.
Ich beuge mich zu dir, dich aufzuheben.

Wie beide Sippen sich gemeinsam freuen!
Wie alle schon den alten Streit bereuen!
Die Zukunft dürfen wir zu zweit erleben.

Rendezvous im Schatten

Schatten unter Bäumen,
Flecken nur, die flirren,
Lichter, die verwirren,
Sommer, Wärme, Träumen.

Halt mich an den Händen,
lass dein Herz mich binden,
deine Lippen finden,
küssen und nicht enden.

Liebe schwör ich glühend,
will für alle Zeiten
deinen Weg begleiten,
ehrlich mich bemühend.

Wird der Schwur gebrochen?
Wer kann das schon wissen!
Möcht es doch nicht missen,
dass ich's hab versprochen.

Haiku (Tulpe)

Tulpenblüte –
meine Nase über
dem Kelch

Wir malen

Den Pinsel in die Hand:
Wir malen an die Wand!
Ein Kreis soll es mal sein,
zwei Punkte dann hinein.
Du denkst, das wird ein Kopf?
Doch nein, es ist ein Knopf.

Malen im Wald

Im tiefen Wald steht deine Staffelei,
auf einer Lichtung äst ein scheues Reh
und grüßt verstohlen eine kleine Fee.
Ein Hirsch hebt stolz sein prächtiges Geweih.

Du malst allein und niemand stört dabei,
im Wald verborgen liegt ein klarer See,
eröffnet dir den Blick auf die Idee.
Dein Bild ist nunmehr rein und fehlerfrei.

Zur Ruhe lege dich ins weiche Moos,
sieh Nymphen dich in weitem Kreis umringen,
ihr Zauber lässt dich niemals wieder los.

Der Augenblick will dich mit Macht umschlingen,
du bist gefangen in des Waldes Schoß,
bis in der Ferne Abendglocken klingen.

Das Blasophem

In Blasen spricht das Blasophem;
es ist verwandt dem Nasobem,
das Christian Morgenstern ersann;
nur trifft man es viel öfter an.

In Comics ist es wohl zu Haus,
doch Vorsicht: Manchmal bricht es aus
und landet in der Politik,
gesetzt den Fall, es fehlt Kritik.

Die Blasen sind weithin beliebt,
man staunt, was es so alles gibt,
und geht dem Tierchen in die Falle –
denn Blasen platzen letztlich alle.

The Balloonophemus

(In the spirit of the preceding poem)

The species of Balloonophemus is not new,
its members fill balloons with words instead of air,
impress the normal people, yet are half coocoo,
use empty words to brag and talk with lots of flair.
The past was owned by them, the future will be, too.
Endemic once to comics, but escaped from there,
they rule – their power is beyond most people's reach
and bursting the balloons will never end their speech.

Das Bildnis der Eltern

Jetzt sehe ich es wieder,
dies Bild von irgendwann.
Ich schließe meine Lider
und seh' es trotzdem an.

Es hilft und macht mir Mut.
Die mir entgegenstrahlen,
die Züge kenn ich gut –
ich könnte sie fast malen.

Wie formten Falten sich!
Die Münder hört ich rufen,
die Augen sahen mich. –
Was diese Hände schufen!

So wurde ich zum Mann,
bekam noch mitgegeben,
was keiner malen kann:
viel Liebe und mein Leben.

Einsamer Cowboy

Die Augen hart wie Stahl,
dahinter blankes Nichts:
die Leere des Gesichts.
Das Lächeln wird zur Qual.

Wovor läufst du nur weg
in endlos karge Weiten?
Wohin willst du nur reiten?
Du nimmst ihn mit, den Dreck.

Im Sattel kommt die Zeit:
Ein Schuss fällt, streckt dich nieder.
Du hörst der Englein Lieder –
und warst schon längst bereit.

Ganz schnell wird dann entschieden,
dich formlos zu begraben.
Ein Sarg war nicht zu haben,
doch ruhst du jetzt in Frieden.

Das Gesicht

Ist das mein Gegenüber?
Ein seltsames Gesicht!
Das Tageslicht wird trüber,
so recht seh' ich es nicht.

Ein leises Lächeln streift
die Züge, die erwachen,
sobald ein Schmunzeln reift;
doch wird es nicht zum Lachen.

Verschmitzt der Blick am Ende:
Er schwimmt im Ungefähr
und ginge durch die Wände,
wenn da kein Spiegel wär'.

Überstürzte Hochzeit

Zur Hochzeit lädt Friedrich aus Hagen,
er kann kein Warten ertragen.
Für alle gibt's Essen,
nur hat er vergessen,
die Frau überhaupt mal zu fragen.

Geschwindigkeit

Es fragt sich manch Fahrer vielleicht,
wieviel km/h er erreicht.
Doch lässt er am Tor
noch jemanden vor,
nicht ahnend, dass der dann nur schleicht.

Die schäumende Zeit

Mit dir zusammen sein –
wie brennen deine Gluten!
Die Zeit stürzt krachend ein,
verwirbelt mich in Fluten.

Die Augenblicke rasen
und platzen wie die Blasen.
Kaum da und schon vorbei,
aus einem werden zwei.

Vergangenheit der eine,
der zweite ist das Jetzt.
Sie sprudeln um die Wette
und bilden eine Kette.
Mein Schicksal wird ersetzt,
das deine wird das meine.

So perlt die Zeit und schäumt,
berauschend schmeckt sie mir –
weit besser als erträumt:
Wie schön ist sie mit dir!

Kommentar:

Kann Zeit schäumen? Kann man sie überhaupt wahrnehmen? Kann man nicht, sagt Kant. Nach seiner „Kritik der reinen Vernunft" gehört die Zeit zu den reinen Anschauungsformen, ist selbst also keine Wahrnehmung. In unserer psychischen Realität glauben wir aber, sie wahrzunehmen. Ein Beispiel: Von Thomas Mann wird im „Zauberberg" beschrieben, dass die Zeit subjektiv schneller oder langsamer vergehen kann, je nachdem, ob man an etwas interessiert ist oder sich langweilt. Einstein dazu: „Wenn man zwei Stunden lang mit einem Mädchen zusammensitzt, meint man, es wäre eine Minute. Sitzt man jedoch eine Minute auf einem heißen Ofen, meint man, es wären zwei Stunden." In unserer psychischen Realität existiert also eine Auffassung von Zeit, die sich in der erkennbaren äußeren, der physikalischen Welt nicht widerzuspiegeln scheint.

Wenn man Zeit wahrnimmt, macht sich eine merkwürdige Eigenschaft bemerkbar: Sie scheint in Augenblicke strukturiert zu sein. Wie eine Perlenschnur. Sie perlt. Das ist ein Phänomen, das neuropsychologisch gut untersucht ist. Zeitintervalle, die wir als solche gerade noch wahrnehmen können, haben Dauern im Hundertstel- bis Zehntelsekundenbereich. Das Zeitintervall, das man neuropsychologisch als Gegenwart wahrnimmt, dauert um die drei Sekunden lang und zerfällt in etwa hundert kleinste Teile. Ob man die Gegenwart oder einen ihrer Teile als „Augenblick" auffassen will, ist nicht definiert und bleibt dem jeweiligen Sprachgebrauch überlassen.

In der Physik wird die Zeit meist als kontinuierlich voranschreitend angenommen. Meist, aber nicht immer. Die Zeit zu „körnen", sie in kleinste unteilbare Einheiten aufzuteilen, erinnert an die Quantentheorie. Schon seit einiger Zeit wird im Rahmen dieser Theorie darüber diskutiert, ob man nicht die Zeit körnen müsste. Es ist in der Tat bekannt, dass es im Prinzip ein kleinstes Zeitintervall gibt, das mit keinen Mitteln mehr aufgelöst werden kann: die Planck-Zeit.

Man gelangt zu diesem Begriff, indem man an die Grenzen der menschlichen Erkenntnis geht. In der Physik gibt es nämlich mindestens zwei solche Grenzen: zum einen die quantenmechanische Unschärfe. Sie sagt uns, dass wir nicht alle physikalischen Größen gleichzeitig mit beliebiger Genauigkeit messen können. Zum anderen kennen wir die Unmöglichkeit, Informationen aus dem Inneren eines schwarzen Loches zu erhalten. Die Kombination dieser beiden Unmöglichkeiten menschlicher Erkenntnis führt zur Planck-Zeit. Diese Zeit ist allerdings so aberwitzig kurz, dass wir die Körnung niemals wahrnehmen könnten. Das heißt, die kognitive Körnung der Zeit ist rein psychisch bedingt. Die Parallelität zur Physik gibt trotzdem die Frage nach dem „Warum" auf.

Zunächst: Wir haben gesehen, dass Zeit perlen kann. Aber schäumen? Da fehlt noch eine Zutat: die „Entfaltung von Welten". Dies ist eine Situation, wie sie in der Everett-Interpretation der Quantenmechanik postuliert wird. Bei jeder Wechselwirkung eines denkenden Wesens mit einem Objekt spaltet sich nach dieser Interpretation die Realität auf, je nach dem Ausgang der nicht vorhersagbaren Wechselwirkung: Jede mögliche Realität wird auch verwirklicht, und zwar in dem entsprechenden Universum. Was für ein Bild: In jedem Augenblick eine Vielzahl von neuen Universen zu öffnen! So entstehen Myriaden von Universen. Daher das Schäumen. Es gibt allerdings einen Wermutstropfen: Die Universen können nicht miteinander wechselwirken, können demnach auch nichts voneinander wissen. Das bedeutet, dass wir auch diesen Effekt, die Entfaltung von Welten, nicht wahrnehmen können. Es gibt ihn nur in der physikalischen Theorie. Kann man dann sagen, dass die Zeit schäumt? Dazu müsste es wiederum ein entsprechendes interindividuell vermittelbares Phänomen in unserer Psyche geben.

Der Schlüssel liegt in der Umkehr der Reihenfolge: Nicht die physikalischen Theorien erklären unsere psychische Realität, sondern unsere psychische Realität erklärt die physikalischen Theorien. Wie Heisenberg sagte: „Wissenschaft wird von Menschen gemacht." Und Menschen können nur Begriffe ausarbeiten, die in irgendeiner Weise schon in ihnen angelegt waren. Dazu auch Goethe: „Wär nicht das Auge sonnenhaft, die Sonne könnt es nie erblicken ..." Die Grundbegriffe physikalischer Theorien stecken schon tief in unserer Denkweise, evolutionsbedingt. Wir kennen sie aus unserer psychischen Situation, und sie gehen den Theorien voraus, ohne dass wir uns dessen bewusst wären. Sie gründen in unserem kollektiven Unbewussten. Da kommen übrigens auch die dichterischen Chiffren her, und deshalb werden sie verstanden. Die Existenz der entsprechenden physikalischen Theorien bietet den Beweis, dass das Schäumen der Zeit im kollektiven Unbewussten angelegt ist und somit eine interindividuelle Empfindung, eine gültige Chiffre, sein kann. Die Chiffre von der schäumenden Zeit umfasst natürlich mehr als das. Das gilt es zu erspüren. Aber wir wissen, dass dieses Erlebnis uns allen gemeinsam ist. Lassen wir uns also die Zeit wie Champagner schmecken!

Philemon und Baucis

Was Götter ehren,
was Bäume sagen
und Mythen lehren
von alten Tagen:

Liebe!

Einander zu
sich traulich neigen,
beim andern weilen,
in tiefer Ruh
gemeinsam schweigen,
das Schicksal teilen:

Liebe!

Im Tod noch leben –
das kann es geben:
wie Eiche und Linde,

Rinde an Rinde.

„Tiliae contermina quercus collibus est Phrygiis."
Ovid, Metamorphosen (8,620)
Neben der Linde steht die Eiche auf den phrygischen Hügeln.
(Zeichnung: Entwurf des Autors. Alle Rechte beim Autor.)

Einfach nur da sein

Zu sein statt nicht zu sein –
ich wackle mit dem Bein
und denk so vor mich hin.
Zwar scheint mir alles klar,
doch ist es sonderbar –
es kommt heraus: Ich bin.

Ich kann es gar nicht fassen,
möcht alles andre lassen,
nur fühlen und ich liebe,
umarme diese Welt,
die mir so gut gefällt,
in der ich gern noch bliebe.

Oh, gib mir Zeit, du Macht,
die mich hierher gebracht,
damit ich mich erlabe,
die Ruhe nutzen kann,
bis schließlich irgendwann
ich keine Lust mehr habe.

(Hommage an Matthias Claudius)

Geschenkte Zeit

Erst droht das Zeitversiegen ...
doch dann: ein Zeitgeschenk,
das lässt wohl keiner liegen.
Ich nipp an dem Getränk,

das man mir da kredenzt,
und sammle Stunden ein.
Wird Leben so ergänzt?
Da fühlt man sich ganz klein,

genießt nur das, was geht –
für vieles ist's zu spät.

Mutter Zeit

Schon rufst du wieder, Mutter Zeit,
und nimmst mich sicher an die Hand,
mich führend durch dein großes Land,
zur Einkehr, Umkehr nie bereit.

Halt, warte, eile nur nicht so,
ich will noch bleiben und nicht geh'n.
Ja, kannst du das denn nicht versteh'n?
Das Jetzt lieb ich, umarm es froh.

Dass du nur immer weiter reist!
Und ziehst mich ständig mit dir fort
von jedem je geliebten Ort.
Auch mich formst du in diesem Geist.

Als ob es ohne dich nicht ginge!
Doch streb ich, frei von dir zu sein;
denn einmal lässt du mich allein,
erlöst, am Ende aller Dinge.

Haiku (Stoppelfelder)

Stoppelfelder
Raben darüber
Ein Windstoß

Haiku (Kirschbäume)

Kirschbäume
Die letzte Blüte
Fällt ins Gras

Warum?

Die Welt ist manchmal wirklich sonderbar:
Dann fragst du dich: Warum geht alles schief?
Wo war das Schnupftuch, als die Nase lief?
Du glaubst es nicht und doch ist alles wahr.

War das so vorbestimmt und musste sein?
Na klar, es diente ja zur Unterhaltung
des unbekannten Meisters der Gestaltung.
Theater war es nur und eitler Schein.

Solarisation

Engel sind hell und wir können des Lichtes so viel nicht ertragen.
Luzifers Wesen, noch heller als hell, muss uns dunkel erscheinen.

Ihn hatte Gott einst gesandt, um das Licht in die Welten zu bringen,
lange bevor er den Menschen erschuf und das Gute und Böse.

Göttliches Licht ist es, das auf uns kommt – es wird alles verbrennen.
Neu aus der Asche ersteht nur durch Gnade, wer darf und wer will.

(Hommage an Rainer Maria Rilke)

Rauchgebet

Wie der Rauch sich kringelt!
Traum von irgendwann,
der am Joint sich ringelt,
alles werden kann.

Trag mich in den Himmel,
unter mir die Erde:
was für ein Gewimmel –
mach, dass was draus werde.

Darum will ich bitten,
wen, das weiß ich nicht,
schwank mit bangen Schritten
in das große Licht.

Das Ende

Wir stürzen in den Schlund – im freien Fall.
Schon gurgelt Schleim am Grund, bedroht das All.

Oh nein! Die Welt treibt ihrem Ende zu,
wir sind im Untergang an sie gekettet.
Ja, fände ich den Weg vom Ich zum Du,
dann würden du und ich doch noch gerettet.

Trost

Die hohen Mächte, die
uns Glück und Leid erschufen,
sie hören, wenn wir sie
in Not zu Hilfe rufen,
weil einer zu sehr litt,
und geben dies uns mit:

Das Leid muss überquellen,
damit der Trost entsteht.
Dann kommt der Trost in Wellen.
Nicht, dass es bessergeht,
ein Zeichen nur der Welt,
dass sie sich weiterdreht
und vorerst nicht zerfällt.

Man spürt im Trost die Macht,
an die man nicht mehr glaubte,
belächelt, was bei Nacht
den Schlaf so lange raubte.

Sein und Vergehen

Was soll nur werden, was, aus unserm Sein?
Das Sein vergeht, das sich ins Meer ergießt,
wo schließlich alles Menschliche zerfließt,
zu Wasser wunderwandelt sich der Wein.

Beschritten ist der Weg vom Ich zum Wir,
das will man nicht und klammert sich ans Hier.

Das Sein verteilt sich mehr mit jeder Welle,
Mein enger Geist! – Es ist so schwer zu fassen:
Am Ende kehren wir zurück zur Quelle,
doch müssen wir erst alles gehen lassen.

Das Grau

Apoll kämpft gegen Nyx:
Wenn er den Kampf verliert,
umgibt uns bald der Styx,
wie Tag die Nacht gebiert.

Es unterliegt der helle
dem andern, dunklen Drang.
Entsprungen einer Quelle,
vereint sich Yin mit Yang.

Aus beiden wird ein Grau,
bekannt vom Anfang her,
es wabert ungenau,
kennt keine Zwietracht mehr.

Wenn alles so verliefe,
wär dieses Grau das Ziel,
der Sinn, der ach so tiefe,
in unserm Lebensspiel.

Sternengesänge

Will denn mein Lied keiner hören?
Liebste, selbst du willst es nicht!
Dich wollt' ich immer betören,
tags und im Sternenlicht.

Sternen nur will ich noch singen,
was zu singen ich hab'.
Darf dieses Ständchen ich bringen,
nehm' ich das Lied mit ins Grab.

Der versaute Witz

Gesucht war ein Witz, der versaut.
Da hat sich der Heiner getraut,
erzählt einen guten –
das Herz muss mir bluten:
Den Witz hat der Kerl mir geklaut.

Gedichte-Karussell

Lobst du meins, lob ich deins.
Richtig gut ist leider keins.
Lesen muss ich deines nicht,
wie auch keiner mein Gedicht.
Wozu schreibe ich es dann?

Einer liest es ... irgendwann

Anerkennung

Da steh ich nun und dichte
und singe meinen Song
im Schummerdämmerlichte
grad unter dem Balkon.

Ich dacht', es wär' nicht übel,
doch gibt es kein' Applaus –
stattdessen lehrt man Kübel
mir überm Kopfe aus.

Ich frag: „Ist das verdient,
dass man mich so begoss?"
Doch sieh nur: Alles grient –
Champagner war's, der floss.

Zu viel für zwischendurch

Ein kleines Häppchen zwischendurch:
Der Storch nimmt gern mal einen Lurch,
ein Text darf es beim Menschen sein;
er schärft den Geist und macht ihn fein.

Nur darf man diesen Text nicht strecken,
sonst würde er verwässert schmecken;
gekürzt und schmerzlos mag man's gern,
auch sei das Thema nicht zu fern.

Nun wollte ich das auch versuchen,
doch hört' ich bald die Leute fluchen:
Das solltest du für dich behalten,
ganz anders muss man es gestalten!

Für zwischendurch war's wohl zu viel –
ich seh' es trotzdem nur als Spiel.
Drum gilt: Auch wenn man mich verlacht,
es hat mir großen Spaß gemacht.

Ein Engel

Für Heike

Für andre immer nur zu sorgen,
sich selbst dabei zurückzuschrauben,
früh aufzustehen jeden Morgen
und immer an das Gute glauben:

Das muss doch wohl ein Engel sein!
Die andern lässt du groß sich fühlen,
bestärkst sie, machst dich selbst ganz klein,
erwärmst die Kalten und die Kühlen.

Du reibst dich auf für deine Lieben,
begleitest sie bei Tag und Nacht,
und bist dabei du selbst geblieben,
obwohl du alles dargebracht.

Ein Engel bist du hier auf Erden,
erschienst zum Guten dieser Welt.
So wird denn alles besser werden,
durch dich wird diese Welt erhellt.

Katzenjammer

Ach, geht mir bloß mit diesen Festen!
Danach ist alles voll mit Resten.
Man fühlt sich irgendwie ganz blöd.
Dabei schiens gar nicht mal so öd.

Wie war die Freude vorher groß,
Ein bisschen was war dann auch los.
Nur ist es irgendwann vorbei,
und dann das alte Einerlei.

Sokrates

Sokrates wollt in sich gehn,
um die Menschen zu verstehn,
Bis er fand mit großer List:
Manches ist so, wie es ist.

Die weiße Taube

Taube, weiße Taube klein,
Fliege auf und fliege schnell,
Fliege in den Sonnenschein,
leuchte weiß und leuchte hell!

Leuchte in mein Herz hinein,
dass auch ich von innen leuchte
und die Liebste würde mein,
weil ich hell und rein ihr deuchte.

Gedicht ohne Anlass

Ach, schreib mir ein Gedichtchen fein!
Nur nicht zu groß und nicht zu klein,
und auch vor allem nicht zu lang,
von dem Gesülze werd' ich krank,
nicht lustig, bitte, und nicht traurig,
vielleicht dafür ein bisschen schaurig.

Na gut, dann wollen wir mal sehen –
ich muss mal wieder in mich gehen.
Die Kerze brennt und spendet Licht,
doch das versteht die Mücke nicht.
Verglühend stinkt sie fürchterlich,
das ist ja richtig gruselig.

Das wars – es ist gereimt und klingt.
So ist's nun mal, wenn man sich zwingt.
Man weiß: Da kommt nur Mist heraus.
Drum soll es heißen: Aus die Maus!
Ich bitte vielmals um Verzeihung
und fleh vom Dichten um Befreiung.

Abschied

Wenn einer unfreiwillig gehen muss,
dann fällt ihm leider oft der Abschied schwer.
Er gibt den Bleibenden noch manchen Kuss
und spürt, sich wendend, Schmerzen umso mehr,

je weiter er vom Alten sich entfernt.
Doch ist Zurückgelass'nes nicht verloren,
wenn jener Wanderer zum Schluss gelernt,
dass er zum Wiederholen ward geboren.

Schluss

Weil alles einmal enden muss,
ist auch mit diesem Text jetzt Schluss.
Im Anschluss würde mich nicht stören,
mir Lob und Tadel anzuhören.

Songtexte

An Angel's Sphere

All the flowers in the light,
Colored blue and red and white,
Praising you, my darling, dear;
Stay with me, forever near.

Every second holding you
Makes me feel our love is true.
Darling, you're my happiness,
You're my angel, you're my bliss

    Love, my love, be mine,
    Venus, you're divine.
    Girl, my girl, forever,
    Never leave me, never!
    Angel, you are here,
    It's an angel's sphere.

What a life for you and me –
Stars are shining and I see:
All the world is good awhile,
Healed by your enchanting smile.

Now my life is full, complete –
You, it's you – you're all I need.
Ever since you've been my wife
I have nothing missed in life.

    Love, my love, be mine,
    Venus, you're divine.
    Girl, my girl, forever,

Never leave me, never!
Angel, you are here,
It's an angel's sphere.

... ... (interlude)

Nothing's anymore in vain,
Life is beautiful again.
Therefore, I have no complaints,
Thanking heaven and the saints.

Love, my love, be mine,
Venus, you're divine.
Girl, my girl, forever,
Never leave me, never!
Angel, you are here,
It's an angel's sphere.
...Oh...
Angel, you are here,
It's an angel's sphere ...

Magic Love Spell

Roses in the garden,
Clover in the meadows,
Blooming for one purpose:
Pleasing you, my darling.

On my mind your kisses,
And my heart it misses
...you.

I can't stop it – never!
Dearest Love, without you
I'll be lost forever.
One thing can be done here.

It's a magic love spell,
That will make your love move,
Sending it my way then.
Hear me cast my spell now:

> Oh, powers of love,
> Below and above,
> If you should be true,
> I call upon you.
> Miraculum amoris,
> Adiuva me in foris![1]

Magic love spell, help me,

---

[1] Wunder der Liebe, hilf mir da draußen!

Bring my sweetheart back, please!
Change my life forever!
Hear me cast my spell now!

Seems to work okay, hey
Come into my arms and
Stay forevermore, dear!
Hear me cast my spell now:

> Oh, powers of love,
> Below and above,
> If you should be true,
> I call upon you.
> Miraculum amoris,
> Adiuva me in foris!
>
> Miraculum amoris,
> Adiuva me in foris!
> ...

Now you love me, too, and
Love me all the time, my
Happiness returns,
oh...yeah

All of the Power

(Instrumental intro)

(Verse 1:)
Let's fight, this is the way to live!
Take your courage: It is an eternal fight.
We fight our lifetime for everything.
The world isn't giving us presents.
Nothing is handed to you in life for free.
If you are tired, just keep going!
Don't let them get you down!
Oh, don't let them get you down!

   (Chorus:)
   All of the power has gone, has gone, ...
   but I will never give up for sure ...
   All of the power has gone, has gone, ...
   but I will never give up for sure ...

Startitmoveitcomeonletsgoongoon
letsgettosuccessitwillbeyoursforever
verymuchadotoreachagoalyouwant
Tellmewhatyouwantandiwilltellyouhowtogetit
Startitmoveitcomeonletsgoongoon

(Verse 2:)
I will fight my way through.
My fight goes on, goes on forever.

There are no winners or losers.
It's just fighting forever, you'll stand it!
Whatever it takes, do what needs to be done!
You will make it!
Don't let them get you down!
Oh, don't let them get you down!

(Chorus:)
All of the power has gone, has gone, ...
but I will never give up for sure ...
All of the power has gone, has gone, ...
but I will never give up for sure ...

(Bridge:)
Say what you want and fight for it
Say what you want and fight for it
Say what you want and fight for it

(Chorus again, fading away)
All of the power has gone, has gone, ...
but I will never give up for sure ...
All of the power has gone, has gone, ...
but I will never give up for sure ...

(Instrumental outro)

Universal love

Oh my darling, you and me,
We are lovers, we are free.
Limitless is our love
Let it bloom, the sky's above.

In the river put your feet,
that with mine they gently meet.
See the trees stand on the banks,
Happily we give our thanks.

Amate me, vosmet amate!
Vocate me, orbem vocate!
Amo vos, mortales mundi,
Estis enim nemini secundi.
Pergite, amantes, amare!
Discite, mortales, volare!
Exeamus castra nostra,
Et volemus usqu' ad astra![2]

Let's embrace the universe,
Going up and looking down to earth.
See us helpless as we are,
Faint and little and so far.

Give the world a little smile,

---

[2] Liebt mich, liebt euch selbst! Ruft mich, ruft den Erdkreis! Ich lie-
be euch, Sterbliche der Welt, denn ihr steht niemandem nach. Fahrt
fort, Liebende, zu lieben! Lernt, Sterbliche, zu fliegen! Verlassen wir
unser Lager und fliegen zu den Sternen!

Love this world for just a while!
Towards heaven we are heading,
Universal love is spreading.

Amate me, vosmet amate!
Vocate me, orbem vocate!
Amo vos, mortales mundi,
Estis enim nemini secundi.
Pergite, amantes, amare!
Discite, mortales, volare!
Exeamus castra nostra,
Et volemus usqu' ad astra!

It is an open heart that frees the soul,
The sum of parts is not the whole.
Conquer skies and clouds together,
Not depending on the weather.

This game of love we always play
Now and then and night and day
Something's there that we all know:
Happy to the stars we go.

Amate me, vosmet amate!
Vocate me, orbem vocate!
Amo vos, mortales mundi,
Estis enim nemini secundi.
Pergite, amantes, amare!
Discite, mortales, volare!
Exeamus castra nostra,
Et volemus usqu' ad astra!

Fight for the Future

Look around you, see the world
See how close it comes to end!
Changing weather, animal extinction,
Air pollution everywhere.

Give us a chance to save the nature,
Help preserve it for the children.

> This world can be so great,
> Keep it alive by any effort.
> I start, you start, we start!
> Let's move forward for our world!

Stop killing woods, stop climate change,
Stop extincting all the species!
Save the future for us humans and the wildlife!
It's a world for all of us together.

> This world can be so great,
> Keep it alive by any effort.
> I start, you start, we start!
> Let's move forward for our world!

Respect the nature,
Don't live in a greenhouse,
grow forests everywhere,
Avoid polluting air and sea!

> This world can be so great,

Keep it alive by any effort.
I start, you start, we start!
Let's move forward for our world!

Never Ending Song

Having made so many plans in vain,
We felt lost when we did part that day.
Now I saw her pretty face again.

What a dream could our lives have been,
Giving up our love was a mistake.
Don't despair, my darling, see,
How wonderful the things will be.

Let us dance as couples to this song,
Joined in love again for just some time.
You are free, a butterfly
flying where you love to be

This is our second chance to get
All the hugs and kisses missed before
because our love will last as long
As lasts this never ending song.

Having made so many plans in vain,
We felt lost when we did part that day.
Now I saw her pretty face again.

What a dream could our lives have been,
Giving up our love was a mistake.
Don't despair, my darling, see,
How wonderful the things will be.

Let us dance as couples to this song,

Joined in love again for just some time.
You are free, a butterfly
flying where you love to be

This is our second chance to get
All the hugs and kisses missed before
because our love will last as long
As lasts this never ending song.

May this magic song extend forever
That we two stay happily together
because our love will last as long
As lasts this never ending song.

May this magic song extend forever
That we two stay happily together
because our love will last as long
As lasts this never ending song.

May this magic song extend forever
That we two stay happily together
because our love will last as long
As lasts this never ending song.

The Golden Cage

(Recitative)

Once upon a time, there was a poor shepherd who had one daughter he loved very much. He was so poor that he could hardly feed her. The daughter was so beautiful and gentle that the birds of the forest gathered around her and played with her.

Together with his daughter, the poor shepherd lived in the empire of a very rich, evil king. When the shepherd's daughter came of age, the evil king approached her father and said, "Give your daughter to me! I will take her to my castle. She will be far better off there than in your poor house."

The shepherd believed those treacherous words and, with a heavy heart, gave his daughter away. The king brought her to his castle.

He told her that in one year he would make her his wife. The girl refused, and the king locked her up in a golden cage and hung it from the top roof of his castle. She screamed:

> "What have I done? Do I deserve this?
> Oh Father, why did you give me up?
> What have I done? Do I deserve this?
> Oh Father, why did you give me up?"

It was her fate to be captured for the rest of her life, if it pleased the king. In her despair, she cried night and day. She complained loudly: "Alas, I wish I would never have been born! How could my father give me away? Birds, my friends, help me, please! Bring me away from this evil king!"

And the birds came to help her. They gathered in great numbers and carried her golden cage into the skies, out of the reach of the king, high above the clouds where the stars shone. There they set it and flew around her from then on to keep her company.

Standing on the ground, the golden cage is so far away that it looks like a star. Through clear skies, we can still see this evening star. In quiet evenings we can even hear the mourning of the poor girl captured there:

> "What have I done? Do I deserve this?
> Oh Father, why did you give me up?
> What have I done? Do I deserve this?
> Oh Father, why did you give me up?"

Love song

What a pleasure to sit opposite you.
Your eyes are as deep as the sea, but there's a fire within.
Those eyes speak in silence, and I can't speak at all….
Is this forever? The future? The meaning of life?

>This is love, nothing but love.
>You are the center of my world.
>May your love change as it will,
>But I'll still love you … but I'll still love you.

Your golden curly hair flows around your friendly face,
Your eyes sparkle like blue stars. I'm in outer space.
Those lips are callin' my name, oh lucky me.
Why don't you stay awhile and keep me company?

>This is love, nothing but love.
>You are the center of my world.
>May your love change as it will,
>But I'll still love you … but I'll still love you.

Your smile is overwhelming me
I am a prisoner in the bonds of love.
Why can't I eat, drink or sleep?
It is you, It's all you.

>This is love, nothing but love.
>You are the center of my world.
>May your love change as it will,
>But I'll still love you … but I'll still love you.

Let's solve the puzzle of life together!
We will build it and enjoy it forever.
The air is full of music, it smells like roses in the garden.
I seem to float above the world, everything looks beautiful.

This is love, nothing but love.
You are the center of my world.
May your love change as it will,
But I'll still love you ... but I'll still love you.

(Hommage to Sappho and Catullus)

Dancing in the Morning

Intro:
Good morning! Open your eyes and smile to me! What a great morning!

Verse:
The sun divides the mists. We hear the birds singing out of joy. Up and rise and stand and stretch. How nice to look at you move across the room. Come over to me, come closer! Pushing your hair from your face you lift your eyebrows and smile again.

Chorus:
Boom, boom, baddaboom:
The music makes you move.
Feel it, do it, you are great.
Dancing in the morning
start into the day.

Verse:
Hey, this is it. You start to dance ... and dance ... and dance ... move it, move it, go on, go on. Right foot, left foot, raise your arm, hip twist back and forth ... step, tap, step, tap and pas de bourée.

Chorus:
Boom, boom, baddaboom:
The music makes you move.
Feel it, do it, you are great.
Dancing in the morning
start into the day.

Bridge:
Now you're done. This should be it for a morning dance. Slow down. You're through and blow me a kiss. You wave bye bye .... One final move and you are leaving.

Chorus:
Boom, boom, baddaboom:
The music makes you move.
Feel it, do it, you are great.
Dancing in the morning
start into the day.

Boom, boom, baddaboom:
start into the day.

Freedom

A wind is going through the mills.
I'm standing here against the hills.
The clouds are moving much too fast.
The future crawls out of the past.

> World, oh world, oh let me free!
> Don't root me fast as any tree!
> The real life is what I try.
> I feel as if through skies I fly.

So many weights here keep me down,
This is what makes us lovers drown.
Get off my soul, relentless thought,
Just thinking is not what I sought.

> Oh World, my world, oh let me free!
> Don't root me fast as any tree!
> The real life is what I try.
> I feel as if through skies I fly.

May happiness be in our hearts –
It is so easy when it starts.
It goes with freedom hand in hand
And takes us to another land.

> World, oh world, oh let me free!
> Don't root me fast as any tree!
> The real life is what I try.
> I feel as if through skies I fly.

Happiness

Let the world keep turning around
We'll still stand here on the ground.
And I give you a smile,
Stay with us a while.

    Join the happiness, my dear,
    Just be happy while you're here.
    We are happy all the time,
    Everything will just be fine.

Hold me forever in your embrace
As the sun shines on your face
Take a sip of coffee just for fun
Before you turn to run.

    Join the happiness, my dear,
    Just be happy while you're here.
    We are happy all the time,
    Everything will just be fine.

Everywhere the flowers flourish.
I promise to fulfill your every wish.
The sky is painted white and blue.
Happiness will always follow you.

    Join the happiness, my dear,
    Just be happy while you're here.
    We are happy all the time,
    Everything will just be fine.

End of Days

There will come the day that the stars fall from heaven.
Do you know what the ancients foretold?
Stay aware, be prepared!
There is a great dragon trapped below the earth's surface.
If he breaks out, the heaven will fall down
To the earth.

Humans, this will be your fault. The dragon feeds on your malice.
All your wicked imaginations empower the dragon.
The worse the people, the stronger the dragon.
If the dragon spits fire, the vulcanoes erupt.
If the dragon rages, the earth quakes.
If the dragon breaks free, this will be the end of the world.
The stars have been warning for a long time:

> "Come to your senses, fools!
> It's time that justice rules.
> Make peace, open your hearts!
> The greatest retribution starts.
>
> Woe, you unlucky ones!
> Here the end comes.
> You cross the final line,
> This is the end time."

The stars, guardians of the world, watch us.
They try and help us, want to bring us to reason.
At night they call:
"Love each other!"

But people don't listen.
The stars are too far, they can't be heard.
Their efforts are in vain.
They keep on shouting:

"Come to your senses, fools!
It's time that justice rules.
Make peace, open your hearts!
The greatest retribution starts.

Woe, you unlucky ones!
Here the end comes.
You cross the final line,
This is the end time."

Still, their shouts remained unheard.
The stars sent meteorites to the earth.
Nobody cared.
People became even more selfish, treacherous, malicious.

It happened the way it had to
And the dragon broke free.

This is the end.
Heaven and earth collide.
When the world passes away in a great explosion,
Be careful of the side you choose.
The lovers will be loved, the haters will burn.
A paradise for lovers, but a peril for haters.

As they fall the stars plead one last time:

"Come to your senses, fools!

It's time that justice rules.
Make peace, open your hearts!
The greatest retribution starts.

Woe, you unlucky ones!
Here the end comes.
You cross the final line,
This is the end time.

This is the end time,

This is the end time..."

The World Is Great, The World Is Free

Come in, come closer, the garden is yours!
This is the party you're looking for.
Meet the girls, all are here, all are hot,
Talk with them, make jokes and laugh, be happy!

Blue skies, bright shines the sun,
Your only task is to have fun.
Look around you, can't you see-e-e?
The world is great, the world is free-e-e!

The sun is shining, gosh, it's warm.
Take off your shirt and have a drink,
So soft and yet refreshingly cool.
Enjoy the day, this happy time.

Blue skies, bright shines the sun,
Your only task is to have fun.
Look around you, can't you see-e-e?
The world is great, the world is free-e-e!

Run and jump, swim and play, just join the gang,
Music in the air, the rhythm shakes us all.
Dance with us and sing a song, have fun!
Let's play a game, let's always stay together.

Blue skies, bright shines the sun,
Your only task is to have fun.
Look around you, can't you see-e-e?

The world is great, the world is free-e-e!

The world is great, the world is free-e-e!

The Angels' Night

Christmas night – the night of nights!
The angels' night, the night they descend to earth.
Once a year they visit us, walk among us,
Unseen and silent, but their smiles are sensed.
They spread friendship and love in the air.
You just have to believe.

Christmas night – the night of nights!
The angels' night, the night they descend to earth.
Sometimes they let it snow on earth,
To cover the bad in the world.
Only peace and good things remain.
Snowflakes twinkle giving us some hope in the dark.
And we all know:

>   As we walk slow
>   We're lost in the snow.
>   And time goes by.
>   See the angels fly.
>   In the dark appear some lights,
>   It is the night of nights.

We feel the angels passing by,
And joy flows through our hearts.
Old days appear on our minds,
We're now forgiven.
And we all know:

>   As we walk slow
>   We're lost in the snow.

And time goes by.
See the angels fly.
In the dark appear some lights,
It is the night of nights.

Those who leave our world this night will go in peace.
Those who went before return to celebrate with us.
Our beloved ones join us for some time again,
To make us happy; thoughtful we remain.
And we all know:

As we walk slow
We're lost in the snow.
And time goes by.
See the angels fly.
In the dark appear some lights,
It is the night of nights.

Bells are chiming from far, sacred is the night and holy,
Mercy for mankind is proclaimed.
What luck, mankind be grateful for this night!
All the thanks of mankind sum up to one great prayer
That will rise to heaven.
And we all know:

As we walk slow
We're lost in the snow.
And time goes by.
See the angels fly.
In the dark appear some lights,
It is the night of nights.

It is the night of nights, it is the night of nights …

A Mother's Love

A long time ago in a country far away
there ruled a great king with his queen and their prince, so they say.
There came a man-eating monster who ravished the land
until the king set forth and slew it by his hand.

But then ...

The mother of the monster, out for revenge, rose with a yell,
an evil witch of the sea, and upon the prince she cast a spell.
Unable to move, his body lie on the ground,
Alive but slowly dying, eternally bound.

The queen went to the witch and begged for her son.
The witch agreed to brew a helpful potion, but mercy she had none.
"Fairy wings, mixed with eye of newt,
Wormwood, and yarrow root.
Last but not least, the final piece,
A mother's heart, and his suffering will cease."

Mother and child – that is forever and ever ...
The mother, as any, consented, gave herself to the endeavor.
There is an old law saying that if a mother gives her life for her son,
her spirit will always be around to protect him, they will be as one.

The prince would be protected by his mother, forever his silent guide.
He was struck with grief when he learned how his mother had died,
but soon felt his mother's spirit loving him.
As she spoke, his world was no longer dim:
"Don't worry, my son, I will always be with you."
The prince took courage again and sang loudly, and true:

"A mother's love, so I am told,
Is the greatest in the world.
Mother, you are my shelter, my refuge,
You are my ark in the deluge.
Thank you, mother, for giving me life,
Thank you, for always taking my side,
Thank you, for helping me to be free.
Thank you, dearest mother, for being with me."

The life of the prince was cut short, dying in a cruel war.
His mother had given him courage, but couldn't do more.
When he appeared at the netherworld's gate, he did not call her,
But she awaited him there to show him the way to Valhalla.
And the prince could not refrain
from singing his song again:

"A mother's love, so I am told,
Is the greatest in the world.
Mother, you are my shelter, my refuge,
You are my ark in the deluge.
Thank you, mother, for giving me life,
Thank you, for always taking my side,
Thank you, for helping me to be free.
Thank you, dearest mother, for being with me."

(instrumental outro)

The Fountain of Love

In the park we walked together,
The evening approached us with friendly weather.
On the roadside was a wonderful fountain,
Flowers surrounded, and golden sunshine.
Eagerly we approached it and read
What was engraved on its head:
"I am the fountain of love:
Drink from me and be newlywed."

Fountain, oh fountain of love!

Give us your wine to drink
And love, love is all we think

Fountain, oh fountain of love!

Join us as husband and wife
For the rest of our life.

Fountain, oh fountain of love!

What a great place to find,
Leaving everything else we knew behind.
In my heart I profoundly wished you were mine.
Look: Instead of water the fountain gave us wine.
We both drank with lover's glee
I saw eyes of love looking back at me.
My emotions running high, I was ready to scream.
Am I awake? Is this real or is this a dream?

Fountain, oh fountain of love!

Give us your wine to drink
And love, love is all we think

Fountain, oh fountain of love!

Join us as husband and wife
For the rest of our life.

Fountain, oh fountain of love!

Let's stay together till our hair looks silvery.
Our lives complete, just you and me.
We drank and we drank, you were a keeper,
And our love just grew deeper and deeper.
We drank so much that we were drunk in love,
This love would last forever, thanks to Cupid above.

Fountain, oh fountain of love!

Give us your wine to drink
And love, love is all we think

Fountain, oh fountain of love!

Join us as husband and wife
For the rest of our life.

Fountain, oh fountain of love!

Werewolf

Woo
Woohoo

To be a werewolf was not my choice, and not my will.
Stay strange, not man, not wolf, and not easy to kill.
Once bitten your help comes too late,
The way is, had to accept my fate.
First comes the fog, then comes the rain.
All efforts to save me are in vain.

My past behind, a newfound lane,
Alone on that large lonely plane.
And still there is this eternal desire
To reach a home, a warming fire.
Woohooo
Woohoo ...
Home ... a home is now an empty dream
Nowhere can I stay, oh no, I am a ghastly scheme.
Instead I'm lost, alone and dire.
I see the moon and sing my choir.
Woohooo
Woohoo ...

When the moon is full and crystal clear
I become a wolf, bringing horror and fear.
Howling lonely in the night
In the woods, out of sight.
Sneaking along a mountain crest
never knowing any rest.
It's time to hunt, I fight against the sun,

I run and run and run …

> My past behind, a newfound lane,
> Alone on that large lonely plane.
> And still there is this eternal desire
> To reach a home, a warming fire.
> Woohooo
> Woohoo …
> Home … a home is now an empty dream
> Nowhere can I stay, oh no, I am a ghastly scheme.
> Instead I'm lost, alone and dire.
> I see the moon and sing my choir.
> Woohooo
> Woohoo …

Now I cry my chosen song,
Having left the home where I belong.
Living in a foreign land,
Not a soul reaches out a hand.
Having left my darling, too,
I'm doing what I have to do.

> My past behind, a newfound lane,
> Alone on that large lonely plane.
> And still there is this eternal desire
> To reach a home, a warming fire.
> Woohooo
> Woohoo …
> Home … a home is now an empty dream
> Nowhere can I stay, oh no, I am a ghastly scheme.
> Instead I'm lost, alone and dire.
> I see the moon and sing my choir.
> Woohooo

Woohoo ...

Sometimes I want to go home again,
But yet I stay bound to that eternal chain,
There is no return, no way back.
The night is dark, the night is black.
Home is far behind,
And never have I whined.
I only listen to the noise of the storm,
Once more in my grimly, beastly form.

My past behind, a newfound lane,
Alone on that large lonely plane.
And still there is this eternal desire
To reach a home, a warming fire.
Woohooo
Woohoo ...
Home ... a home is now an empty dream
Nowhere can I stay, oh no, I am a ghastly scheme.
Instead I'm lost, alone and dire.
I see the moon and sing my choir.
Woohooo
Woohoo ...

The Shepherd's Greatest Night

A lonesome shepherd
Was sitting in the fields at night.
No noise was heard,
He thought about his plight.

Above him dark blue sky.
Among the stars a brighter one,
Brilliantly and shining high,
It talked to him in a solemn tone:

"Follow me, I'll show you
The greatest place on earth.
Long is the way, but the reward is true.
Happy will you be with all its worth."

Summoned by the star
The shepherd made his way,
Wandered very far,
As he heard his bright star say:

"Follow me, I'll show you
The greatest place on earth.
Long is the way, but the reward is true.
Happy will you be with all its worth."

A light came from a stable, shining mild.
How poor and yet so holy in the night!
Inside a mother and her newborn child,
The father quietly watching out of sight.

Our shepherd stopped and spoke a prayer,
He came closer, entered, saw:
Other Shepherds were already there,
Worshipping the child with awe.

The lonesome shepherd did not ask why,
But joined in with them with glee,
Knowing in his heart that – aye –
This was the greatest he would ever see.

> "Follow me, I'll show you
> The greatest place on earth.
> Long is the way, but the reward is true.
> Happy will you be.
>
> Follow me, I'll show you
> The greatest place on earth.
> Long is the way, but the reward is true.
> Happy will you be with all its worth."

Der einsame Hirte

Einsam saß der Hirt auf seinem Stein,
Saß allein bei Nacht im Mondenschein.
Wachsam war er und auf sich gestellt,
Schafe weidend auf dem freien Feld.

> Einsam ist der Mensch, allein,
> muss es hier auf Erden sein.
> Liebe heilt und bringt uns Frieden,
> hoch im Himmel und hienieden.

Sieh: ein großer Stern am Himmelszelt,
Weist den Weg und spricht zur ganzen Welt:
„Folget meinem Weg, er ist nicht weit,
Heilig ist das Ziel zur Weihnachtszeit."

> Einsam ist der Mensch, allein,
> muss es hier auf Erden sein.
> Liebe heilt und bringt uns Frieden,
> hoch im Himmel und hienieden.

Das hört der Hirte wohl und bricht schnell auf,
Trifft auf einen Stall in seinem Lauf.
Vater, Mutter, Kind sind dort zu dritt,
Noch mehr Hirten auch, sie helfen mit.

> Wer betet, ist nicht lang allein,
> wer betet, kann sehr glücklich sein.
> Liebe heilt und bringt uns Frieden,
> hoch im Himmel und hienieden.
Unser Hirte weiß, dass Glück hier wohnt,

Spürt in seinem Herzen, dass sich lohnt,
Diesen großen Augenblick zu loben.
Singend jubelt er und blickt nach oben.

Wer betet, ist nicht lang allein,
wer betet, kann sehr glücklich sein.
Liebe heilt und bringt uns Frieden,
hoch im Himmel und hienieden.

The Mermaid's Song

(instrumental intro)

Amidst the sea, my ship was in a storm,
fighting hard to resist the heavy weather,
We sailors worked our best in the rush,
But beyond our power, couldn't achieve much.
While facing the wild sea in despair,
the beautiful mermaid approached our ship with care.
She began to sing her song.
It was enchanting and cruel, it felt so wrong:

> Come with me!
> Join me in the water!
> For I am the sea king's daughter,
> The sea queen is my mother.
> You and I will love each other.
> Don't be afraid,
> I'm here to aid.
> Come with me!

I'm a poor sailor standing at the railing
just at the point of failing.
Already thought of giving up,
Almost throwing myself into the mermaid's arms.
But with the last of my will, I kept on fighting.
The mermaid showed me deluding pictures,
The depths of the sea seemed so tempting,
Glowing in colours, they chirped and rang
And in all that chaos she sang:

Come with me!
Join me in the water!
For I am the sea king's daughter,
The sea queen is my mother.
You and I will love each other.
Don't be afraid,
I'm here to aid.
Come with me!

Finally, the boat hit a riff and sunk.
I myself was flushed overboard.
While sinking in the waves
The mermaid dragged me into the depths,
I struggled, but I had no choice.
And while I drowned I heard her voice:

Come with me!
Join me in the water!
For I am the sea king's daughter,
The sea queen is my mother.
You and I will love each other.
Don't be afraid,
I'm here to aid.
Come with me!

(instrumental outro)

Friedensweihnacht

(Kurzes Intro)

Wollt ihr was von Weihnacht hören,
dürft ihr euch am Krieg nicht stören.
Grausam toben Kriege hier und dort,
toben trotz der Weihnacht fort.
Wer ist schuld daran, wer ist das nur?
Wer geriet da aus der Spur?

Wir wünschen uns ein Friedensfest.
Wenn das nur stimmt, stimmt auch der Rest.
Friedensweihnacht wünschen wir uns allen!
Singt mit uns und lasst die Korken knallen!
Korken knallen besser als Kanonen,
Stollen wollen wir statt blauer Bohnen.

Können wir nicht alle glücklich sein?
Keiner werfe mehr den ersten Stein!
Schluss mit Kriegen, keinen Streit!
Ist doch Weihnachtszeit!
Seh'n wir zu, dass Weihnacht friedlich ist,
Alles andere ist Mega-Mist!

Wir wünschen uns ein Friedensfest.
Wenn das nur stimmt, stimmt auch der Rest.
Friedensweihnacht wünschen wir uns allen!
Singt mit uns und lasst die Korken knallen!
Korken knallen besser als Kanonen,
Stollen wollen wir statt blauer Bohnen.

Das ist doch nicht zu viel verlangt,
Für den Versuch seid schon bedankt.
Macht nur mit, das wäre zauberhaft;
Die Liebe ist ne Superkraft.
Wir retten unsre Erde
Vor Kriegen und, dass sie nicht wärmer werde.

Der Zug ist noch nicht abgefahren,
Helft bitte, C-O-zwei zu sparen!
Auch brauchen wir mehr Bäume auf der Welt.
Wie kriegen wir die hingestellt?
Je einen Weihnachtsbaum soll jeder pflanzen;
Drumherum lasst uns dann tanzen!

Wir wünschen uns ein Friedensfest.
Wenn das nur stimmt, stimmt auch der Rest.
Friedensweihnacht wünschen wir uns allen!
Singt mit uns und lasst die Korken knallen!
Korken knallen besser als Kanonen,
Stollen wollen wir statt blauer Bohnen.

(Kurzes Outro)

Weihnachtsstress

An diesen weihnachtlichen Tagen
Hör ich meine Eltern wieder sagen:
Denk daran, dass bald das Christkind kommt!
Du weißt doch, was sich frommt!
Zieh' dich um und räum' dein Zimmer auf,
hänge dann die Christbaumkugeln auf.
Dieses tu ich froh und munter,
doch schon fällt eine Kugel runter
Zusätzlich zu meinem Schreck,
hab' ich schnell noch eine Watschen weg.

Wer will bitte so ein Fest?
Spar'n wir lieber uns den Rest!

    Lasst die Sprüche – keiner glaubt mehr dran.
    das Christkind ist die Leonie von nebenan.
    Geschenke kosten nur viel Geld,
    eher braucht man Liebe auf der Welt.

Weiße Weihnachten sind eine schöne Mär,
wenn der Schnee nur nicht zu kehren wär.
Ein Weihnachtsbaum wär auch nicht schlecht,
nur ist der von mir besorgte wieder mal nicht recht.
Die Plätzchenbäckerei riecht gar zu gut.
Kosten will ich und bereue meinen Mut.

Nun seid doch nicht so streng!
Da wird die Wohnung ja zu eng.

    Lasst die Sprüche – keiner glaubt mehr dran.

das Christkind ist die Leonie von nebenan.
Geschenke kosten nur viel Geld,
eher braucht man Liebe auf der Welt.

Endlich ist es dann soweit:
Der Bescherung naht die Zeit.
Für mehr ist's nun zu spät, ist auch einerlei.
Der Weihnachtsstress ist jetzt vorbei.

Lasst die Sprüche – keiner glaubt mehr dran.
das Christkind ist die Leonie von nebenan.
Geschenke kosten nur viel Geld,
eher braucht man Liebe auf der Welt.

Die Leonie bleibt dann noch da,
und singt mit mir ein Tralala.
Sie ist sehr nett und lieblich anzusehn,
so wird der Abend noch ganz schön …
so wird der Abend noch ganz schön …

Der Volldepp

Da rollt er schnaufend sich zur Seite, raucht noch eine,
dann spricht er frech zu mir, mein Mann, der Kleine,
und sagt, er hätte nachgedacht und rausgefunden,
dass er mich nicht mehr mag mit meinen Pfunden.

Er hätte eine andre Frau getroffen
Und unsre Ehe sei ja schließlich offen.
Das sei ganz von allein passiert.
Da hab ich ihm das Angesicht poliert.

Wie kann man nur so blöde sein,
Du Volldepp du, du geiles Schwein.
Hau ab und lass dich nicht mehr blicken,
Und unsre Ehe kannst du knicken.

Alsdann, wer seine Neue wäre, frag ich noch.
Die Natalie, ich kenn sie doch.
Ja, ja, ich kenn die alte Schlampe
Na warte, die bewerfe ich mit Pampe.

So geh ich denn zur Natalie
Und schäume noch vor Wut auf sie.
Das arme Hascherl öffnet mir die Tür.
Sagt voller Angst, sie könne nichts dafür.
Mein Mann hätt sie zu sehr bedrängt.
Der Depp, am liebsten hätt ich ihn erhängt.

Wie kann man nur so blöde sein,
Du Volldepp du, du geiles Schwein.
Hau ab und lass dich nicht mehr blicken,
Und unsre Ehe kannst du knicken.

Ich tröste sie und will sie wärmen.
Schon liegen wir uns in den Armen.
Es zeigt sich, sie ist ganz ne Liebe
und würd sich freuen, wenn ich bliebe.

Ich bleibe und wir haben heißen Sex,
Ich zieh zu ihr, mein Mann ist jetzt der Ex.
Als der noch jammert, sag ich ungeniert,
Das sei ganz von allein passiert.

Wie kann man nur so blöde sein,
Du Volldepp du, du geiles Schwein.
Hau ab und lass dich nicht mehr blicken,
Und unsre Ehe kannst du knicken.

Kommentar: Zu diesem Song entstand der folgende Comic. Skript vom Autor, Zeichnungen: Afif Amrullah. Rechte beim Autor.

Two unicorns in paradise

A duet for tenor and soprano

Intro

Tenor:
  Unicorn, oh unicorn
  I knew I was forlorn
  Until I finally met you today
  You are my dream, you cross my way.

Soprano:
  Ranger, oh ranger,
  Don't bring me into danger!
  Can't you just see
  That I need to be free?
  I will be as human as you.
  If I change my shape, it will be true.

Chorus:
Soprano:
  Look into my eyes!
Tenor:
  I look into your eyes.
Tenor and soprano:
  A dreamworld opens up to you and me.
Soprano:
  The sky so wide ...
Tenor:
  The sky so wide ...
Tenor and soprano:
  The stars so bright, I can barely see.

Mighty mountains and cool rivers,
Meadows with flowers, lakes in turquoise gloss,
Spectacular forests with fern and moss.

Tenor:
Wonder of wonders, how can that be:
You changed your shape as far as I can see.
A unicorn once, a virgin now,
a beautiful virgin with a virgin glow.

Chorus:
Soprano:
Look into my eyes!
Tenor:
I look into your eyes.
Tenor and soprano:
A dreamworld opens up to you and me.
Soprano:
The sky so wide ...
Tenor:
The sky so wide ...
Tenor and soprano:
The stars so bright, I can barely see.
Mighty mountains and cool rivers,
Meadows with flowers, lakes in turquoise gloss,
Spectacular forests with fern and moss.

Tenor:
Give me some more magic of this kind
Help me, please, to change my body and mind.
I want to be a unicorn like you
Let's change our shapes together, turn our destinies askew.
Let the two of us be unicorns

Chorus:
Soprano:
    Look into my eyes!
Tenor:
    I look into your eyes.
Tenor and soprano:
    A dreamworld opens up to you and me.
Soprano:
    The sky so wide ...
Tenor:
    The sky so wide ...
Tenor and soprano:
    The stars so bright, I can barely see.
    Mighty mountains and cool rivers,
    Meadows with flowers, lakes in turquoise gloss,
    Spectacular forests with fern and moss.

Tenor:
    Oh my love, it worked out so beautiful with pleasure
    We are both unicorns striding through the forest.
    Two unicorns in paradise, gliding like feathers.
    Please, let it be like this forever!
Tenor and soprano:
    We are two unicorns in paradise.

Nachfolgende Abbildung: Entwurf des Autors, alles Rechte beim Autor.

Zeitfracht Medien GmbH
Ferdinand-Jühlke-Straße 7
99095 Erfurt, Deutschland
produktsicherheit@kolibri360.de